ROMANCE
RICHARD SIMONETTI

O VASO DE
PORCELANA

CEAC
EDITORA

Coordenação editorial
Renato Leandro de Oliveira

Diagramação e capa
Luiz Antônio Gonçalves

Revisor - Colaborador
Edson de Oliveira

Dados Internacionais de Catalogação na Publicação– CIP

S598v   Simonetti, Richard.

        O vaso de porcelana / Richard Simonetti. -- Bauru, SP: CEAC, 2019.
        160p.; 14x 21 cm

        1. Ficção espírita I. Titulo.

                                          CDD-B869.3

Índice para catálogo sistemático

Literatura Brasileira /Ficção B 869.3

20º Edição - abril de 2019
1.500 exemplares
75.501 a 77.000

Copyrigth 1997 by
Centro Espírita Amor e Caridade
Bauru SP

Edição e Distribuição

CEAC EDITORA

Rua 15 de Novembro, 8-55
Fone 014 3227 0618
CEP 17015-041 - Bauru SP
www.editoraceac.com.br
www.ceac.org.br
editoraceac@ceac.org.br

Qual a mais meritória de todas as virtudes?

Toda virtude tem seu mérito próprio, porque todas indicam progresso na senda do bem. Há virtude sempre que há resistência voluntária ao arrastamento dos maus pendores. A sublimidade da virtude, porém, está no sacrifício do interesse pessoal, pelo bem do próximo, sem pensamento oculto. A mais meritória é a que assenta na mais desinteressada caridade.

Questão 893, de *O Livro dos Espíritos*

PERSONAGENS

Luísa, 56 anos, dentista.
Carlos, marido, 57 anos, publicitário.
Jonas, filho, 36 anos, comerciante.
Eduardo, filho, 20 anos, estudante.
Marli, filha, 17 anos, estudante.
Cíntia, 35 anos, esposa de Jonas, professora.
Rogério, 16 anos, filho de Jonas e Cíntia, estudante.
Luiz, 48 anos, irmão de Carlos, promotor.
Alice, 42 anos, esposa de Luiz, professora.
Benê, 45 anos, serviçal doméstica.
Osório, visitante, 76 anos, comerciário aposentado.
Vanessa, 18 anos, namorada de Eduardo, estudante.
Isaltino, 78 anos, aposentado, tio de Luísa.
Júlia, 35 anos, empresária.
Carmino, orientador espiritual.
Torres, juiz.
Aurélio, médico.
Leandro, dirigente espírita.

Sumário

JANEIRO 11

FEVEREIRO 39

MARÇO 58

ABRIL 75

MAIO 81

JUNHO 88

JULHO 97

AGOSTO 105

SETEMBRO 122

OUTUBRO 139

NOVEMBRO 144

DEZEMBRO 154

UM HERÓI DE VERDADE

Os romances consagram o herói forte, viril, inteligente, que mata o bandido e se casa com a mocinha, numa visão maniqueísta do comportamento humano, separando os homens em bons e maus, anjos e demônios.

A Doutrina Espírita demonstra que não é assim.

Há uma realidade suprema – o Bem.

O mal não chega a ser nem mesmo a ausência dele, como se apregoa, porquanto todos trazemos a vocação para a bondade na intimidade de nossa consciência, filhos de Deus que somos, criados à sua imagem e semelhança.

O mal é muito mais um desvio, quando deixamos que prevaleçam impulsos primitivos que nos serviram enquanto estagiávamos em precários charcos de animalidade, mas hoje nos atrapalham a caminhada pelas promissoras e amplas planícies da razão.

O verdadeiro herói, por isso, não é o que derrota o bandido, mas aquele capaz de ajudá-lo a vencer seus impulsos desajustados.

Esta é a história de um herói desse tipo, fora dos padrões conhecidos, rápido em sacar as armas da compreensão e da generosidade.

***

Sempre imaginamos nossa adesão ao bem, o desenvolvimento de nossas potencialidades espirituais como algo que demanda o concurso dos milênios.

Outro equívoco.

Queimamos etapas evolutivas e caminhamos a passos largos para as realizações mais nobres a partir do momento em que despertamos para essa necessidade e nos dispomos a mobilizar todas as nossas energias em favor da própria renovação.

Muito mais que um simples desafio esse é o nosso compromisso, a grande meta que nos cumpre atingir.

*Abençoado Consolador, prometido por Jesus, que conforta e ameniza nossas dores, a Doutrina Espírita é também o Espírito de Verdade que nos alerta quanto à extensão de nossas, responsabilidades, chamados que somos ao esforço de renovação e à prática do bem, não por simples exercício de virtude, mas por consciência de dever, **porquanto o conhecimento da verdade implica compromisso com ela.***

Ficarei feliz, leitor amigo, se estas páginas singelas lhe oferecerem momentos agradáveis de reflexão em torno desse magno assunto.

Bauru SP, dezembro de 1996.

JANEIRO

O sol cumpria com disciplinada fidelidade a tarefa de acender o dia, iluminando a megalópole paulista.

Pouca gente atendia ao convite do despertador sideral em São Paulo, naquele domingo de ano-novo.

Luísa Manfrini dirigia o automóvel por ruas quase desertas.

Vinha do pronto-socorro, após o atendimento de seu filho Eduardo que se excedera na bebida.

O jovem seguia no banco traseiro, convenientemente medicado.

Ao lado Marli, a filha adolescente.

O início de mil novecentos e noventa e cinco sem o marido, após a separação meses antes, inspirava amargas reflexões.

Será o amor mero ardil da Natureza para a perpetuação da espécie? — argumentava com seus botões a respeitável mãe de família, expressão angustiada que ensombrecia seu belo rosto, ainda não maculado por rugas, não obstante mais de meio século de existência.

Afinal, eu e Carlos formávamos um casal muito bem ajustado... Trinta e sete anos de vida conjugal, relacionamento feliz, de incontáveis alegrias e raros desentendimentos... No entanto ele me deixou, empolgado por mulher jovem e insinuante. Foi-se o companheiro, enredado em arroubos passionais, lembrando ingênuo adolescente.

Estacionou o carro junto ao sobrado de linhas sóbrias, enfeitado por sorridente jardim.

Coração apertado, sentia bem forte a presença do marido, amigo das rosas, que costumava oferecer-lhe perfumados botões enfeitando declarações de amor.

Falem melhor as rosas
Do que este frágil verso,
Meu amor por você
É maior que o Universo.

As rosas haviam murchado.

Os versos dormiam esquecidos em perdido baú.

Impossível, porém, eliminar as lembranças.

O cérebro dizia que era preciso, mas o coração recusava-se a obedecer...

— Então, filho, como se sente? — perguntou, procurando anular a impertinente nostalgia.

— Tudo bem, mãe. Já passou...

O efeito do álcool, sim.

A mágoa que inspirara a bebedeira, não.

Como sua mãe, Eduardo vivia um drama de amor.

Após dois anos de tumultuado namoro, rompera em definitivo com Vanessa.

Rompimento não era a palavra exata.

Fora muito mais uma capitulação.

Há meses debatia-se com a frieza da namorada.

Ela vivia distante... Já não o acariciava, nem entoava o celeste "te amo". Não cogitava mais do futuro em comum, dos sonhos de uma união consagrada pelo casamento.

Ultimamente parecia entediada.

Era decididamente outra pessoa, como se a jovem que amava loucamente houvesse cedido lugar a uma estátua de gelo.

Mas... e eu? – perguntava-se — Por que não deveria meu amor esgotar-se também? Por que insiste em permanecer forte, mesmo com as esperanças transformadas em desolação? Gostaria de morrer... Haverá solução melhor para a desilusão?

Pensara em matar-se.

Só não consumava seu desejo porque tinha medo.

E se a vida não se encerrar no túmulo? De que me valerá aniquilar o corpo para transformar-me em alma penada, como ensinam as religiões?

E havia sua mãe.

Afinal, ela própria enfrentava, resoluta, problema bem mais grave.

Tratava-se do companheiro de uma existência inteira que a abandonara, empolgado por outra.

Pobre mamãe! Faz-se forte, mas bem sei o que tem sofrido. Não lhe darei esse desgosto.

Abraçou-a, carinhoso, a desculpar-se pelo transtorno que lhe causara

***

Por volta das dez Luísa conversava com Benê, a serviçal doméstica, quando soou a campainha.

Abrindo a porta deparou com simpático visitante, sorriso luminoso, rosto jovial emoldurado por farta cabeleira nevada, entre setenta e oitenta anos que não lhe pesavam no corpo esguio.

— Bom dia, Luísa. Feliz ano-novo!

— Para o senhor também...

O visitante lhe parecia familiar.

Esforçava-se por definir de onde o conhecia.

— Não se dê ao trabalho de reconhecer-me. Nunca nos vimos. Moro em Belo Horizonte. Sou velho amigo de seu tio Isaltino. Trago uma carta para você.

Luísa abriu e leu:

Querida sobrinha. Feliz ano-novo para todos. Envio-lhe um presente: meu amigo Osório. Falo sério. É um presente **mesmo**, *muito especial! Você verá. Ele permanecerá algum tempo em São Paulo, cuidando de assuntos particulares. Não tem família nem recursos para a estada em hotel. Peço-lhe acolhê-lo. Abraços. Isaltino.*

Não pôde conter o sorriso:

Ah.! O tio Isaltino! Só ele para dar-me um encargo como presente!...

— Entre, senhor Osório. Temos prazer em recebê-lo.

— O "senhor" ficará do lado de fora. Quanto a mim, espero não lhe causar transtornos...

— Fique tranquilo. A casa é grande. Estará bem acomodado num apartamento destinado aos hóspedes.

***

Às treze horas reuniu-se a família para o almoço de confraternização.

Luísa fez as apresentações:

Jonas, o filho mais velho, Cíntia, sua esposa e o neto Rogério; Marli, a caçula e Luiz, o cunhado.

Surpreendentemente emocionado, Osório balbuciou:

— Fico feliz em conhecê-los. Isaltino fala muito de todos. São familiares de seu coração...

Sorridente e amável, o hóspede inesperado logo superou qualquer inibição. A conversa ia animada, envolvendo trivialidades, quanto soou o telefone.

Luísa atendeu.

O coração acelerou-se ao ouvir uma voz inconfundível.

— Oi, Luísa... Liguei para desejar-lhes um feliz ano-novo.

— Obrigada, Carlos. Felicidades para você também.

— Posso falar com a moçada?

Os filhos foram convocados.

— É seu pai. Quer cumprimentá-los.

— Desculpe, mãe — adiantou Jonas —, não quero nada com seu ex-marido.

— Não fale assim, filho...

— Ele tem razão, dona Luísa — defendeu Cíntia. — Meu sogro escolheu assim. Tem companhia para comemorar.

— Por favor, não façam isso com seu pai...

Marli, muito pálida, estranhamente agitada, aproximou-se.

— Falo com ele.

— Cuidado com o que vai dizer, filha. Não o magoe.

— Alô...

— Oi, Marli. Feliz ano-novo, minha querida! Estou com saudades...

— Um péssimo ano para você, seu monstro! Eu o odeio! Odeio, ouviu?! Quero que morra!

A jovem gritava a plenos pulmões, transtornada. Com o auxílio de Jonas, que a segurou, Luísa tomou-lhe o telefone.

— Desculpe, Carlos, ela está muito nervosa. É melhor desligar.

Marli agitava-se:

— Eu o odeio! Odeio o miserável!

Ante o olhar atônito dos circunstantes, a jovem gargalhava de olhos esbugalhados, a ameaçar:

— Esse criminoso vai pagar! Sem família, sem lar, sem afeto! Ficará na rua da amargura!...

Marli perdera a candura de seus dezessete anos.

Odienta, esmurrava a mesa, espalhando pratos e talheres.

— Não só ele. Acabarei com vocês todos. Todos, ouviram?!

— Chame o pronto-socorro! — pediu Luísa aflita, dirigindo-se a Cíntia.

— Calma, minha gente! Calma! Conservem-se em silêncio por alguns instantes.

Era Osório que, para surpresa geral, aproximou-se da jovem, impondo-lhe as mãos sobre a cabeça agitada, a dizer brandamente:

— Senhor Jesus, não permitas que transformemos este dia de confraternização em culto ao ódio e ao desentendimento. Socorre-nos em nossas limitações e acalma nosso irmão em desajuste. Ensinaste que o Reino de Deus, de inalterável paz, deve ser construído na intimidade de nossos corações, alicerçado em amor e compreensão. Ajuda-nos a observar tua orientação, a fim de que não nos deixemos dominar pelo desalento nem nos comprometamos com a agressividade.

— Não adianta, bruxo! Você não me impedirá! — falou Marli ameaçadoramente, mas menos agitada, como que contida por forças imponderáveis.

— Podem soltá-la — pediu Osório, conservando as mãos sobre a jovem.

O VASO DE PORCELANA

Como se falasse com invisível ser, continuou:

— Compreendo seu drama, meu irmão. Você está tentando fazer justiça pelas próprias mãos, causando transtornos a esta família. Mas de que lhe vale tudo isso se é o mais infeliz, sem um instante de paz? A vingança é uma faca de dois gumes. Fere nossos desafetos mas faz estrago maior em nós mesmos. Iniciativas assim contrariam nossa condição de filhos de Deus, criados para o Bem. É preciso perdoar...

— Conversa fiada. Só os fracos perdoam. Esse Cristo a quem você se dirigiu deu péssimo exemplo, deixando-se matar. Se agisse com força e determinação o Mundo seria diferente.

— Bem pior, você quer dizer. Quase todo o mal do Mundo nasce da agressividade, do desrespeito pelo próximo, da disposição em resolver problemas com pancadaria...

— Chega! Não estou aqui para filosofar. Minha tarefa é de vingança e você pagará caro por sua audácia!

— Não pretendo intrometer-me. Gostaria apenas de ajudá-lo. Também enveredei pela inconsequência no passado e sei como a negação dos valores morais pode devastar nosso coração. Você é um exemplo vivo. O ódio o deixa cego. Não consegue nem mesmo perceber que seu empenho de vingança turbilhona de tal forma suas percepções que lhe impede até mesmo o contato com entes queridos. Sua mãe, invisível ao seu olhar desvairado, espera por você...

— Maldito, não fale assim. Você está mentindo! Minha mãe desapareceu há muito tempo...

— Posso provar-lhe que não minto. Ela chama-se Leontina e diz que nunca deixou de amá-lo, mesmo quando você se afastou dela seguindo por caminhos de vício e desatino.

Marli agitou-se, refletindo forte emoção da entidade que a subjugara. Depois aquietou-se.

Em breves momentos retomava a consciência.

— Que houve? — perguntou atordoada. — Quando mamãe falava ao telefone senti uma tensão muito forte. Depois não vi mais nada.

Osório adiantou-se:

— Tudo bem, minha filha. Foi apenas uma indisposição passageira. É a primeira vez que acontece?

— A ponto de desmaiar, sim. Mas venho sentindo coisas estranhas, ultimamente. Imensa tristeza, vontade de chorar e incontrolável raiva do papai. Acho que é isso que me faz mal. Há momentos em que cresce um rancor tão grande dentro de mim que tenho ganas de agredi-lo. Desejo que morra... Depois choro muito e experimento horrível angústia.

O VASO DE PORCELANA

O hóspede acariciou a mão da jovem e, dirigindo-se a todos, falou com a segurança de quem sabe:

— Peço-lhes perdoar a intromissão. Sou apenas uma visita, mas devo dizer-lhes que há neste lar a ação de Espíritos que desejam promover a desordem.

— Meu Deus, que loucura! — alarmou-se Luísa.

— Nunca vi algo semelhante! Por que isso? Não fazemos mal a ninguém!...

— Sempre há um motivo. Se não no presente, certamente vem do passado, de vidas anteriores...

Luiz entrou na conversa.

— Li algo a respeito. A ideia da reencarnação é bastante lógica. Pelo menos é uma tentativa de explicação para a confusão do mundo, com tantas diferenças sociais, morais e materiais. Mas interessa-me, sobretudo, o problema da influência espiritual. Você acha que o Espírito pode envolver uma pessoa a ponto de levá-la à alienação?

— Certamente. Nos hospitais psiquiátricos há muitos doentes cujos males relacionam-se com essa influência.

— E o que pode ser feito em benefício deles?

— Além da terapia tradicional, ajudariam muito os recursos espirituais mobilizados pelo Espiritismo: passes magnéticos, água fluidificada, sessões de desobsessão, orientação doutrinária e a infalível aplicação do Evangelho. A compreensão quanto ao valor dessa terapia tem inspirado a criação de organizações hospitalares psiquiátricas espíritas que realizam eficiente trabalho em favor da saúde humana...

— Suas ponderações interessam-me muito. Há um mês minha esposa Alice esteve internada num hospital psiquiátrico, vítima de forte crise nervosa, sem causa aparente. Sempre esteve bem, psiquicamente. É uma pessoa alegre e saudável. Seu problema surgiu inesperadamente, como se experimentasse um curto-circuito mental. Está passando uns dias com a mãe no interior, mas ainda se sente atordoada e um tanto deprimida.

— Possivelmente, trata-se de uma agressão espiritual, e não é gratuita. Qual é a sua profissão?

— Sou promotor.

— Nobre tarefa, mas muito delicada. Sempre há Espíritos que se sentem prejudicados pelas ações da justiça humana e tendem a assediar seus representantes. Não raro podem valer-se de seus familiares para atingi-los indiretamente.

Luísa estranhou.

— Não lhe parece injusto minha cunhada ser atingida por um problema que diz respeito ao marido?

— Aparentemente é tão injusto quanto a morte de familiares de um político que perecem num atentado contra ele. Ocorre que vivemos num planeta de provas e expiações, como ensina o Espiritismo, onde todos os problemas que enfrentamos estão justificados por nossas própria condição de Espíritos endividados. A Terra é o nosso cadinho purificador. Considere ainda que a sensibilidade maior sempre guarda relação com compromissos de trabalho assumidos na Vida Espiritual ou com nossos desatinos do pretérito. Alice, tanto quanto Marli, possui essa sensibilidade, que chamamos mediunidade. Ainda que não se sintam dispostas, mais cedo ou mais tarde reconhecerão que no Espiritismo está sua melhor chance de disciplinar essa faculdade, a fim de que superem os problemas que as afligem.

— Mas, o que o habilita a informar com tamanha segurança que o problema de minha esposa envolve esse tipo de influência?

— É que sempre há um componente espiritual em situações como a que ela está enfrentando. E ocorre que desenvolvi, ao longo dos anos, a capacidade de ouvir os Espíritos. A informação sobre sua esposa foi passada por um amigo espiritual. Há uma obra espírita muito interessante a respeito do assunto. Trata-se de **O Livro dos Médiuns**, de Allan Kardec. Se quiser posso emprestar-lhe um exemplar que trago comigo.

— Quero sim. Farei o que for preciso em favor de Alice, ainda que deva recorrer ao sobrenatural...

Osório sorriu:

— Engano seu, Luiz. O Universo é um todo harmonioso, regido por leis sábias e justas, instituídas por Deus. É o desconhecimento delas que nos leva a situar nos domínios do sobrenatural o que escapa à nossa compreensão. Isso ocorre principalmente em relação ao contato com o Além.

A descontração de Osório e seus conhecimentos sobre assuntos espirituais sustentaram por bom tempo a atenção do grupo familiar.

A reunião estendeu-se tarde adentro com aproveitamento das horas em saudável troca de ideias...

***

Carlos desligou o telefone, angustiado.

Doía-lhe a revolta dos filhos, particularmente Marli que sempre fora muito carinhosa com ele.

Nutria imensa afeição pelos familiares, em especial pela esposa, mas a paixão devastadora por Júlia fora mais forte, incontrolável mesmo...

Sentira-se irremediavelmente envolvido por aquela mulher de esfuziante beleza, que desde os primeiros contatos demonstrara inequívoco interesse por ele, não obstante ser bem mais jovem.

— Algum problema, meu bem? — perguntou Júlia, que se aproximava em deslumbrante vestido.

Era algo irracional.

A nova companheira não fazia seu tipo. Vazia e superficial, vivia em função de festas e roupas, passeios e diversões... Submetia-se aos seus caprichos apenas porque a desejava loucamente. Ela despertava nele irresistíveis impulsos voltados para o prazer sexual.

— Não foi nada, Júlia, apenas um desentendimento com minha filha.

— Tolice sua preocupar-se. Já lhe falei muitas vezes que sua família agora sou eu. Não se envolva. Enterre o passado e pense em nosso presente. Vamos desfrutar a vida. É preciso romper as amarras, as ligações que não interessam. Não vamos estragar nosso primeiro dia do ano com evocações sentimentalóides.

Júlia o abraçou melíflua, envolvendo-o com seu corpo escultural, a fragrância do caro perfume que acentuava sua vocação de mulher fatal.

Carlos esboçou um sorriso e correspondeu, ardoroso, ao abraço, a perder-se em arroubos passionais.

***

Anoitecia.

Os visitantes haviam partido.

Osório meditava no jardim, quando Luísa aproximou-se.

— Estou incomodando?

— De modo algum. Estou admirando o pôr do Sol. Faz-me pensar nos contrastes da vida: nascimento e morte, dia e noite, luz e sombra, saúde e enfermidade, a agitar incessantemente os seres vivos nos caminhos da evolução.

— Pena que poucos pensem assim. Viveríamos melhor se admitíssemos que tudo tem sua razão de ser, mesmo quando desce a noite em nosso caminho. A propósito, gostaria de falar-lhe sobre meu filho Eduardo.

— Ainda não o vi.

— Está brigado com a Humanidade. Vive trancado no quarto desde que terminou um namoro. Seria problema simples, não fora sua personalidade sensível, amiga dos devaneios.

— Um sonhador...

— Sim. Enxergava em Vanessa o grande amor de sua vida, romance cinematográfico. Sua decepção ao sentir que ela não correspondia aos seus sentimentos foi enorme. Julgava que a jovem o amava com a mesma intensidade e que um amor assim seria eterno. Temo faça alguma bobagem...

— Sei como é isso. Quando nos empolgamos com uma desilusão sentimental a vida parece perder o significado. Mesmo as pessoas mais fortes, nessas circunstâncias, chegam a admitir que seria melhor morrer. Gostaria de conversar com ele.

Luísa foi buscá-lo.

Pouco depois, a contragosto, Eduardo cumprimentou Osório.

— Muito prazer...

— Fico feliz em vê-lo, meu filho. É sempre estimulante conversar com a mocidade, cheia de força, entusiasmada pela vida, embora não seja exatamente assim que você se sente neste momento.

Eduardo não estava disposto a amenidades, mas rendeu-se à envolvente simpatia do visitante.

Ensaiando um sorriso, comentou:

— Vejo que minha mãe andou fofocando...

— É o que as mães mais sabem fazer com os pobres filhos. Não lhes dão chance nem mesmo para curtir uma fossa...

— O senhor é médico?

— Não. Apenas alguém que já viveu o suficiente para saber que o tempo resolve todos os males do coração. A vida renova-se incessantemente, com infinitas oportunidades para sermos felizes.

— O senhor parece estimar a filosofia. Não sei muito sobre o assunto, mas digo-lhe que mamãe anda preocupada sem razão. Estou bem.

— Melhor assim, Eduardo. Se não a enfrentamos com firmeza, a desilusão pode converter-se num problema.

— Sem solução...

— Aparentemente, quando solenizamos o assunto sem observar seu lado positivo. Afinal, a desilusão é apenas o cadáver da ilusão. Significa que estávamos enganados a respeito de algo ou de alguém. Considere, entretanto, a necessidade de seguir seu caminho. Não é bom conviver com cadáveres. Têm mau cheiro, incomodam, fazem mal...

— Não sei o que pensar. É terrível constatar que a pessoa em quem depositamos nossas melhores esperanças, a quem nos entregamos de corpo e alma, não corresponde aos nossos sentimentos.

— Questão de perspectiva. O amor romântico é ótimo quando há reciprocidade. Se ocorre o contrário é melhor desistir. Prender-se a um afeto não correspondido é pura perda de tempo. Como dizem vocês jovens, cansa nossa beleza e faz mal para a saúde.

— A gente tem vontade de fazer parar o Mundo e pular fora...

— ...Vai é esborrachar-se! Não pense que a morte solucionará o problema. Ela é uma bênção para quem cumpre adequadamente o tempo concedido por Deus, mas converte-se numa tragédia para aqueles que tomam a iniciativa de procurá-la sem esperar que ela os procure, de acordo com a programação divina. Posso afirmar-lhe com segurança: não há sofrimento maior. O tormento dos suicidas é indescritível.

— Passo por situação igual — comentou Luísa. — Também experimentei imensa desilusão com a deserção de meu marido, após quase quarenta anos de casamento feliz... É difícil passar uma borracha sobre tudo isso e seguir adiante...

— Seu caso é diferente. O amor que a une ao marido está sedimentado em largos anos de convivência, de lutas e aspirações, trabalho e dedicação. Isaltino acha inconcebível o que aconteceu. Sempre considerou que vocês formavam um casal perfeito, feitos um para o outro... Foi um desastre, um desvio de rota, uma fraqueza explorada por Espíritos perturbadores. Ele fatalmente acabará por arrepender-se.

Luísa suspirou, lágrimas aflorando.

— Impossível retomar a felicidade antiga. A decepção foi muito grande...

— Realmente, não é fácil. Mas isso não importa. Felicidade não é encomenda para o futuro, nem patrimônio perdido no passado. As pessoas sempre imaginam que já foram felizes ou esperam sê-lo algum dia, distraindo-se da possibilidade de cultivar a felicidade no presente, fazendo o melhor...

Luísa perguntava-se quem era aquele homem que entrava num lar desconhecido e em poucas horas situava-se como abençoado orientador, capaz de favorecer a todos com os dons de uma sabedoria invulgar e uma intuição que a todos encantava.

Como se lesse seus pensamentos Osório comentou:

— O Espiritismo oferece-nos amplas possibilidades para definir com propriedade os enigmas da existência. Com um pouco de esforço, podemos perfeitamente delinear o melhor roteiro a seguir.

Luísa sorriu, quase feliz:

*Deus é muito bom! Na época mais difícil de minha vida envia-me um pai, **aquele pai** que sempre desejei...*

***

Na semana seguinte, após alguns contatos, Osório levou Luísa, Marli e Eduardo ao Centro Espírita Seara Cristã, em bairro próximo.

Os visitantes surpreenderam-se com a quantidade de pessoas presentes.

— Os Centros Espíritas são muito concorridos na atualidade. — explicou Osório — As tensões da vida moderna, as dificuldades financeiras, os dramas familiares, a violência urbana e mil outros problemas agitam o psiquismo humano. O Espiritismo mobiliza eficientes recursos de ajuda.

O VASO DE PORCELANA

— E todos recebem benefícios? — perguntou Marli.

— Invariavelmente. Ocorre que o benefício maior depende do próprio interessado. Quem o procura como quem vai a um hospital recebe apenas a medicação de superfície para males que logo voltarão. Quem compreende que o Centro Espírita é sobretudo uma escola de bem viver habilita-se a colher preciosas orientações que lhe permitirão eliminar as causas profundas de seus desajustes.

Marli e Eduardo foram encaminhados aos entrevistadores encarregados de conversar com as pessoas e definir a natureza do auxílio a ser mobilizado.

Às vinte horas iniciou-se a reunião.

O tema da noite foi a obsessão.

Dizia Leandro, dirigente da casa e expositor da noite:

*Meus amigos, a questão 459, de **O Livro dos Espíritos,** esclarece que somos influenciados de tal forma pelos Espíritos que, de ordinário, são eles que nos dirigem.*

A observação não diz respeito aos seres evoluídos e virtuosos do Além. Estes respeitam nosso livre-arbítrio, o direito de escolhermos nossas próprias experiências, na construção do destino.

A pressão diuturna que pesa sobre nós é de irmãos desencarnados que se movimentam ao nosso redor, inspirados por motivos variados.

Para se vingarem de passadas ofensas...

Para nos utilizarem como instrumentos na satisfação de vícios a que se apegam...

Para concretizarem ambições de domínio...

Para sugarem nossas energias...

Como diz Paulo, na Epístola aos Hebreus, somos rodeados por uma nuvem de testemunhas. Não se limitam a nos observar. Muito mais que isso, participam de nossas vidas, infiltrando-se em nossos pensamentos, pressionando nosso psiquismo, impondo-nos deprimentes estados de ânimo...

Espíritos assim, em sua maioria, sentem-se perdidos no continente espiritual, não conseguem superar os condicionamentos da vida terrestre e, vinculados às necessidades humanas, têm nos homens o seu apoio, o seu instrumental de contato com o mundo físico e suas sensações.

Outros, melhor adaptados às realidades do Além, mas movidos por loucos propósitos de vingança e dominação, organizam-se à maneira de assaltantes impiedosos que invadem nossa casa mental e exploram nossas fraquezas. Se nos colhem invigilantes trazem-nos muitos problemas...

O VASO DE PORCELANA

Como o atleta que desenvolve a musculatura com exercícios físicos, também podemos fortalecer nosso psiquismo para resistir a esse assédio.

As disciplinas fundamentais estão contidas no Evangelho de Jesus, roteiro precioso de nossa libertação.

Jamais Espíritos inferiores terão acesso à mente que pensa o bem e realiza o bem, como recomendou Jesus.

Se perduram as influências nefastas é porque a orientação evangélica não foi plenamente observada.

As pessoas acham as lições belas e edificantes mas não as vivenciam, porque isso exige a mudança de uma postura imediatista, voltada para os interesses materiais, a que estão milenarmente acomodadas, como o molusco preso à concha.

Ao fluxo e refluxo da Vida, no plano físico e espiritual, sucedem-se as encarnações e demoram-se o comodismo e a indiferença aos apelos dos valores mais nobres nos domínios da virtude e do bem. Com isso multidões adiam indefinidamente sua emancipação espiritual, e engrossam, ao desencarnarem, as fileiras da desordem e da perturbação.

O Espiritismo é a nossa oportunidade abençoada para romper com essa rotina indesejável.

Os princípios codificados por Allan Kardec lançam luzes sobre estas questões, convidando-nos a deixar a concha do acomodamento, no caminho glorioso de nossa renovação.

Esta casa, que atende a milhares de pessoas, mobiliza centenas de colaboradores, companheiros que aprenderam a lição fundamental: é preciso procurar o serviço do Bem, treinando nossa capacidade de ajudar o semelhante, onde está a nossa oportunidade maior de prosperidade espiritual.

O próximo é a nossa ponte para o equilíbrio e a paz. Todos benefícios que lhe estendermos reverterão em bênçãos para nós.

Muito mais que hospital e além de abençoada escola, façamos desta casa nossa oficina de trabalho com Jesus e teremos compreendido o alcance maior do Espiritismo, habilitando-nos à felicidade de servir.

Durante trinta minutos o palestrante desenvolveu aquelas informações iniciais ilustrando-as com breves exemplos.

Apresentou conceitos básicos relacionados com a presença dos Espíritos e como fazer para sintonizar com os amigos espirituais, superando a influência dos que se comprazem no vício e na rebeldia.

Alguns minutos foram reservados para perguntas sobre o tema, previamente coletadas por escrito durante a reunião, selecionadas e apresentadas por um coordenador

Leandro respondia com simplicidade e concisão.

— *É possível um Espírito comprometer o relaciona-mento de um casal, levando os cônjuges à separação?*

— *Acontece com frequência. O problema maior, entretanto, não está na presença do Espírito, mas na ausência dos valores de compreensão, respeito e co-laboração entre o casal. É a partir daí que ele exerce sua influência. Ele não cria a desarmonia. Apenas a acentua.*

— *Há obsessão entre Espíritos encarnados?*

— *Sim e a paixão é a mais terrível. Muitos lares se desfazem a partir das teias de sedução tecidas por homens e mulheres que se valem da atração física que inspiram para realizar suas ambições ou satisfazer seus caprichos.*

— *O vício pode ser sustentado por uma obsessão?*

— *Sim, desde que o obsidiado tenha tendência. Espíritos que na Terra cultivaram determinada viciação continuam dependentes no Plano Espiritual. Sem condições para atender diretamente suas necessidades induzem a vítima ao vício, a fim de que, por associação psíquica, possam satisfazer-se.*

— Uma jovem que não gosta de sair de casa, que permanece horas deitada, sem disposição para conversar ou realizar qualquer tarefa está obsidiada?

— Sempre há um componente de influência espiritual no comportamento desajustado. Sem as disciplinas do trabalho, e os compromissos inerentes ao convívio social, somos facilmente envolvidos por forças desequilibrantes...

Luísa e os filhos ouviam atentos, impressionados com aquelas informações que diziam respeito aos seus próprios problemas.

Após a reunião, submeteram-se ao passe magnético, enquanto Osório, em recinto reservado, entendia-se com um mentor espiritual.

***

Ao retorno, no automóvel, Luísa exprimia sua admiração:

— Jamais poderia imaginar que sofrêssemos tão grande assédio do além. É incrível como os homens se movimentam sem a mínima noção do assunto. Quantos problemas seriam superados se considerássemos a presença desses Espíritos...

— Chego a ter medo — comentou Marli — principalmente porque sofro mais de perto essa influência...

Osório esclareceu:

— A fantasia popular exacerba a ação dos Espíritos desencarnados, aterrorizando muita gente. Os fantasmas povoam o universo das superstições humanas. No entanto, o conhecimento veiculado pelo Espiritismo é libertador, oferecendo-nos condições para evitar o envolvimento com as sombras...

E, bem-humorado, rematou:

— E afinal, não precisamos temer violências físicas, que só cabem nas fantasias cinematográficas. Os Espíritos desencarnados não possuem um corpo de matéria densa que os habilite a nos agredirem. Apenas nos influenciam pelos condutos do pensamento. Se conservamos a mente equilibrada, cultivando pureza de sentimentos, não seremos envolvidos.

— E o passe magnético — perguntou Eduardo — neutraliza a ação dos maus Espíritos?

— O passe ajuda muito, recompondo nosso psiquismo desvitalizado por sua influência. Porém, funciona apenas como uma terapia de superfície. Cuida de efeitos. Por isso a providência mais eficiente será sempre a nossa própria renovação. Mudando nossos hábitos, buscando concepções mais elevadas de vida mental e pensamentos mais ajustados, melhoraremos nosso padrão vibratório e nos livraremos desses indesejáveis invasores de nossa casa mental.

E após pequena pausa:

— Por falar nisso, a recomendação é para que continuem frequentando as reuniões, submetendo-se às transfusões magnéticas. Serão depois encaminhados a um curso sobre Espiritismo e Mediunidade.

— Essas iniciativas vão resolver nossos problemas? — perguntou Luísa.

— É bom saberem que em princípio os males podem até recrudescer. Os Espíritos que nos perseguem aumentam a pressão quando procuramos ajuda espiritual, a fim de que tenhamos a sensação de que não está dando certo; de que nossa situação piorou. Também fazem o contrário: oferecem uma trégua. Neste caso, se procuramos o Espiritismo como quem vai a um hospital, logo nos afastaremos, considerando que já não precisamos de ajuda. Então, tranquilamente, eles voltarão ao assédio. São muito ardilosos. Mas se perseverarmos logo perceberemos que nada fazem senão explorar nossas fraquezas. Buscando combatê-las tiramos seu ponto de apoio, neutralizando suas investidas.

FEVEREIRO

Habituado a dormir pouco, madrugada adentro Osório lia em seu quarto quando bateram à porta.

Era Eduardo.

— Desculpe, Osório. Vi luz e resolvi falar-lhe. Espero não estar incomodando.

— Tudo bem, meu filho. Entre... O que houve?...

— Sinto-me angustiado, como se carregasse o peso do mundo em minhas costas. Tem sido sempre assim, ultimamente. Acordo com o coração apertado, pensamento preso em Vanessa.

— Essa depressão é natural. Nossos problemas emocionais sempre recrudescem à noite. Obsessores aproveitam as horas em que estamos afastados do corpo físico e, quais sereias de perdição, jogam sobre nós o seu encantamento sinistro, com sugestões negativas. Ao despertarmos elas repercutem intensamente em nosso psiquismo, afligindo-nos. É preciso inverter a situação, oferecendo apoio para que os amigos espirituais possam nos ajudar. Uma boa leitura, antes de deitar, uma oração bem consciente e sentida, uma conversa com Jesus, favorecem a sintonia com benfeitores espirituais que nos protegem. É o que vamos fazer agora.

Tomando um exemplar de **O Evangelho Segundo o Espiritismo,** Osório leu, no capítulo V:

Quando o Cristo disse: "Bem-aventurados os aflitos, o reino dos céus lhes pertence", não se referia de modo geral aos que sofrem, visto que sofrem todos os que se encontram na Terra, quer ocupem tronos, quer jazam sobre a palha.

Mas, ah! Poucos sofrem bem; poucos compreendem que somente as provas bem suportadas podem conduzi-los ao reino de Deus.

O desânimo é uma falta.

Deus vos recusa consolações, desde que vos falte coragem.

A prece é um apoio para a alma; porém, não basta. É preciso tenha por base uma fé viva na bondade de Deus.

Ele já muitas vezes vos disse que não coloca fardos pesados em ombros fracos.

O fardo é proporcional às forças, como a recompensa o será à resignação e à coragem.

Mais opulenta será a recompensa, do que penosa a aflição.

Cumpre, porém, merecê-la, e, para isso, é que a vida se apresenta cheia de tribulações.

O militar que não é mandado para as linhas de fogo fica descontente, porque o repouso no campo nenhuma ascensão de posto lhe faculta.

Sede, pois, como o militar e não desejeis um repouso em que o vosso corpo se enervaria e se entorpeceria a vossa alma.

Alegrai-vos quando Deus vos enviar para a luta.

Não consiste esta no fogo da batalha, mas nos amargores da vida, onde, às vezes, de mais coragem se há mister do que num combate sangrento, porquanto não é raro que aquele que se mantém firme em presença de um inimigo fraqueje nas tenazes de uma pena moral.

Nenhuma recompensa obtém o homem por essa espécie de coragem; mas, Deus lhe reserva palmas de vitória e uma situação gloriosa.

Quando vos advenha uma causa de sofrimento ou de contrariedade, sobreponde-vos a ela e, quando houverdes conseguido dominar os ímpetos da impaciência, da cólera, ou do desespero, dizei, de vós para convosco, cheio de justa satisfação:

"Fui o mais forte".

Bem-aventurados os aflitos pode então traduzir-se assim:

Bem-aventurados os que têm ocasião de provar sua fé, sua firmeza, sua perseverança e sua submissão à vontade de Deus, porque terão centuplicada a alegria que lhes falta na Terra, porque depois do albor virá o repouso.

— É isso aí, meu filho. — ponderou Osório a sorrir — Todos sofremos neste planeta de provas e expiações. Todos enfrentamos dissabores como, por exemplo, levar um fora da namorada...

— Sei lá... parece que não é nada, que a gente fantasia muito, mas pesa...

— Sem dúvida. Considere, entretanto, que em situações assim pesa mais o orgulho ferido que a perda sofrida. O importante é tocar o barco da vida, buscando realizações que favoreçam o crescimento espiritual. Não nos detenhamos em problemas que fermentam em nossa mente quando lhes damos demasiada atenção.

Eduardo trazia o Espírito conturbado demais para apreender em toda sua extensão os conceitos que Osório lhe apresentava. Todavia o pouco que assimilava, somado ao vigoroso magnetismo que lhe foi aplicado no passe, amenizaram suas angústias eliminando a depressão que voltava a incomodá-lo.

Aliviado, deixou o quarto, a considerar intimamente como era providencial a presença daquele homem simples que possuía abençoada vocação para acalmar as inquietações humanas.

***

Osório voltava à leitura interrompida quando percebeu a presença de Carmino, nobre entidade espiritual que o orientava:

— Osório, conseguimos a dilação de tempo desejada para que você resolva seus problemas. Terá perto de dez meses na carne.

Osório regozijou-se.

— Agradeço à bondade divina. Envidarei esforços para desfazer as consequências de meus enganos. Com a ajuda de Jesus e dos generosos amigos espirituais, espero alcançar nesse prazo os objetivos de minha presença nesta casa.

— Terá nossa proteção, desde que não se afaste dos caminhos traçados por Jesus.

— É o que mais desejo...

***

Osório decidiu descer mais cedo para o café. Era perto de 6 da manhã. Já encontrou a serviçal doméstica na cozinha.

Há muitos anos ela morava na casa.

— Bom dia, Benê...

— Bom dia, senhor Osório. Acordou cedo!

— É um velho hábito.

— Dizem que Deus ajuda a quem cedo madruga.

— Ajuda a todos seus filhos, oferecendo-nos vinte e quatro horas em cada dia para nossa edificação. Quem usa bem o tempo acumula tesouros de sabedoria e virtude que as traças não roem nem os ladrões roubam, como ensinava Jesus. Os homens jogam fora a moeda divina. Gastam tempo de forma inconsequente...

— O senhor fala bonito. Não entendo muito, mas acho que é coisa boa. Dona Luísa é sua fã. Disse que gostaria de ter um pai assim...

— Ele faleceu?

— Nunca existiu! É filha de mãe solteira. O sem-vergonha sumiu antes de seu nascimento.

— Deve ter muitas mágoas...

— Não gosta de falar sobre o pai fujão, assunto que sempre é motivo de tristeza, principalmente agora que o marido também deu no pé. A pobrezinha não merece. Só Deus sabe como tem sido difícil para ela!... Mas não se queixa. Dedica-se ao trabalho procurando esquecer suas mágoas. É uma dentista muito procurada.

Lágrimas furtivas derramaram-se pelas faces de Osório.

— Ah! esses olhos, sempre lacrimejam quando me resfrio...

O telefone interrompeu o diálogo.

Era Jonas.

— Por favor, Benê, chame a mamãe.

— Está dormindo...

— Pode acordá-la. É urgente!

Convocada pela serviçal Luísa atendeu no leito.

— Mamãe, estou no hospital. Rogério sofreu um acidente na madrugada...

— Meu Deus! Machucou-se muito?

— Tem escoriações generalizadas e bateu a cabeça. Cíntia está muito abalada. Gostaria que a senhora viesse...

— Vou já.

Apreensiva, Luísa vestiu-se rapidamente e saiu em direção à garagem. Encontrou Osório que, improvisado jardineiro, cuidava das plantas...

— Bom dia, Luísa. Tudo bem?

— Ah! Osório, temos complicações. Houve um acidente com meu neto. Vou até o hospital.

— Posso acompanha-la? Ficarei na cidade.

— Claro.

***

Jonas recebeu os visitantes na entrada do hospital.

— Segundo os médicos não houve nenhuma fratura, mas a pancada na cabeça foi forte. Está um pouco agitado...

No leito, semiconsciente o acidentado balbuciava palavras desconexas.

Cíntia, a seu lado, segurava-lhe o braço pelo qual recebia soro.

Osório adiantou-se.

— Se me permitirem, gostaria de tentar uma ajuda...

— Sim, será ótimo! — antecipou-se Luísa.

O visitante aproximou-se do leito, pediu silêncio e, após comovida oração, evocando a proteção divina, impôs as mãos sobre a cabeça do paciente.

Rogério aquietou-se aos poucos.

— Creio que foi só o susto. Ele estará bem em breve...

— Que mágica é essa, senhor Osório? — perguntou Cíntia, a sorrir aliviada.

— Nada de extraordinário, minha filha. Apenas uma doação de magnetismo, semelhante à transfusão de sangue. Todos o fazemos, eventualmente, sempre que nos preocupamos com alguém. Você mesma, à cabeceira de seu filho, em seus cuidados maternos, estava a ajudá-lo. O que fiz foi transmitir essa energia com as disciplinas do conhecimento espírita.

Luísa observava Osório a conversar com sua nora.

Incrível! Em poucos dias de convivência aquele homem entrara na vida da família como um preceptor experiente e amigo...

Osório despedia-se.

— Se me dão licença, vou cuidar da vida...

***

Na manhã seguinte Osório acompanhou Luísa ao hospital. Encontraram Rogério sob assistência materna. Estava bem, embora ainda um tanto inquieto.

Osório aplicou-lhe o passe magnético, obtendo o mesmo efeito da véspera.

Em seguida, para surpresa das duas mulheres, pediu-lhes para ficar a sós com o rapaz.

Tão logo saíram Osório falou-lhe resoluto:

— Rogério, o acidente em que se envolveu que quase lhe custou a vida, teve uma causa. Você sabe qual é.

— Não estou entendendo...

— Entende, sim, meu filho. Você e seus amigos andam fazendo uso de drogas.

— Como sabe disso?

— É uma questão de sensibilidade. Estou bastante treinado no cuidado de pessoas com problemas semelhantes.

— Vejo que não há o que esconder. De fato, de vez em quando a gente dá uma cafungada. Mas não é nada comprometedor. Sei até onde posso ir...

— Até o hospital ou o cemitério? Não se iluda. Você é suficientemente inteligente para saber que o céu artificial da droga converte-se rapidamente em inferno de desequilíbrios. O acidente foi providencial, uma espécie de aviso para que você pare e pense um pouco sobre o assunto...

— E se eu não quiser parar?

— Sua pergunta demonstra que está caindo na dependência. Sem seu consentimento nada poderei fazer em seu benefício. De qualquer forma, terei que comunicar a seus pais...

Rogério não gostou da ideia.

— Por favor, não diga nada. Não quero dar esse desgosto a minha mãe. Farei o que desejar.

— Sua decisão não guarda os valores da convicção. No fundo você ainda não está consciente de que deve parar. Ainda assim tentarei ajudá-lo. Continuaremos com os passes magnéticos, enquanto aqui estiver. Depois pensaremos em outras providências.

***

No corredor as duas mulheres conversavam.

— Incrível o Osório! Tem atitudes estranhas... — comentou Cíntia

Luísa sorriu.

— Realmente ele é uma figura, no melhor sentido da palavra. Nunca vi ninguém tão convicto de suas ideias, tão equilibrado e gentil, sempre pronto a servir. Esteja certa de que ele tem razões ponderáveis para conversar a sós com Rogério.

— Você decididamente encantou-se com ele...

— Não é encantamento. Trata-se de algo mais forte, que não sei explicar. Não consigo vê-lo como o estranho que veio passar alguns dias em minha casa. Parece-me alguém muito querido, que não via há longo tempo.

— Um pai...

Luísa suspirou:

— Quem me dera ter um assim!

***

Após a visita ao hospital Luísa e Osório compareceram ao Fórum para um contato com Luiz.

O promotor recebeu-os gentilmente em seu gabinete.

— Bom dia Luísa, como está minha querida cunhada? E você, Osório? Fico feliz em vê-lo. Gostaria de conversar sobre minha esposa Alice.

— Foi para isso que vim. Mas há outro assunto em que gostaria de contar com sua colaboração.

— Terei prazer em atendê-lo. Algum problema?

— Comigo não. Trata-se de Rogério...

— Quer que eu saia? — perguntou Luísa, lembrando-se do hospital.

— Não, minha filha, não é preciso. No hospital pensei apenas em preservar Cíntia. Você pode ouvir. O problema de nosso menino é que ele está envolvendo-se com drogas. O acidente foi mera decorrência do estado de excitação após uma dose.

Luísa assustou-se.

— Meu Deus! Jamais poderia imaginar meu neto nessa situação! Ele é tímido e recatado...

— São garotos assim que se envolvem mais facilmente. Sentem-se animados e desinibidos quando fumam, consomem bebidas alcoólicas ou drogas...

— Osório tem razão. — ponderou Luiz — Adolescentes como Rogério são presas fáceis dos traficantes.

— O pior — acentuou o visitante — é que não vejo nele um firme propósito de livrar-se. Como ocorre com os iniciantes no vício, julga-se acima de qualquer malefício. Por isso estou lhe falando. Creio que há um meio de modificar suas disposições.

— Farei o que for preciso para ajudar meu sobrinho.

O VASO DE PORCELANA

— Segundo o boletim de ocorrências policiais, ele foi culpado pelo acidente. Pior, dirigia sem habilitação. Há a responsabilidade de Jonas, como pai, que seguirá os trâmites legais. Sua participação, Luiz, envolve uma tentativa de mudar os rumos de Rogério. Gostaria que você acertasse com o juiz uma penalidade que o obrigue a ocupar-se por algum tempo num hospital para toxicômanos, como auxiliar de atendimento...

— Acha que dará certo? — perguntou Luísa apreensiva. Ele me parece tão frágil...

— O trabalho não faz mal a ninguém. Providenciaremos para que ele tenha o compromisso de desenvolver pequenas tarefas junto aos pacientes. É um princípio simples mas eficiente: à medida que ajudamos pessoas que enfrentam problemas semelhantes aos nossos, estes tendem a ser minimizados...

Luiz concordou.

— Parece-me uma boa tentativa. Não custa experimentar. Hoje mesmo falarei com o juiz... Quanto a Alice, infelizmente foi internada novamente, há três dias, com a mesma crise de ausência.

— Ora, Luiz, por que não nos avisou? — reclamou Luísa.

— Sei que vocês têm seus problemas e não quis aborrecê-los. Um médico amigo providenciou a internação. Ocorre que tenho pensado no que você falou, Osório. Talvez seja interessante procurar ajuda espiritual.

— Contatarei hoje mesmo um hospital psiquiátrico espírita que conheço. Os diretores são muito atenciosos. Tenho certeza de que fará muito bem a Alice. Ali há melhores recursos par superar a influência dos Espíritos que a perturbam. Lembre-se, entretanto, de que a iniciação de ambos nos domínios no conhecimento espírita é fundamental,.

— Começo a entender isso. Li atentamente **O Livro dos Médiuns,** segundo sua recomendação, e confesso-me surpreendido com o trabalho desse ilustre professor francês. Allan Kardec escreveu um verdadeiro tratado sobre o contato com o além. Impossível situar tão minuciosas informações como mera fantasia. Impressionou-me, sobretudo, o capítulo sobre a obsessão. Jamais poderia imaginar que muitos de nossos problemas emocionais e psicológicos pudessem ser provocados por Espíritos...

— E há muito mais a conhecer. O Espiritismo descortina um mundo de revelações, habilitando-nos a enfrentar os problemas da Terra e as influências negativas do além... Com sua compreensão a respeito teremos melhores condições para ajudar Alice, formando um ambiente adequado em seu lar.

***

O juiz Torres era amigo de Luiz e recebeu de bom grado a tarefa de "dar uma prensa" em Rogério, impondo-lhe sanções educativas.

Tão logo o acidentado deixou o hospital foi convocado a comparecer perante o magistrado.

Apreensivo, em companhia dos pais, contando com a proteção de Luiz, ouviu a penalidade que lhe pareceu até branda, em confronto com suas expectativas.

— Meu jovem, — expôs solenemente Torres — você provocou um acidente que poderia trazer graves consequências. Como penalidade e profilaxia comportamental deverá trabalhar durante três meses num hospital, ajudando pessoas enfermas, de segunda a sexta, com carga horária de três horas diárias.

Rogério saiu aliviado.

Em sua fantasia, convenientemente exacerbada por Luiz, imaginara-se condenado à prisão.

No dia seguinte o juiz Torres contatou a direção do hospital indicado por Osório e explicou o que se pretendia.

Solicitação aceita, ficou acertado que em alguns dias, plenamente restabelecido, Rogério começaria a cumprir a "penalidade".

***

Osório conversava com Luiz, enquanto aguardava pelo doutor Aurélio, na clínica espírita, para a qual Alice fora transferida.

— Há muitos casos de obsessão nos hospitais psiquiátricos? — perguntou o promotor.

— Eu diria que todos os problemas mentais tem um componente espiritual. Se não determinante, é consequente. Mente em desarmonia é porta aberta à obsessão.

— No caso de Alice o problema seria estritamente de envolvimento espiritual por parte de Espíritos que desejam me ferir, indiretamente, como disse. É tão fácil assim nos atingirem?

— Não estamos à mercê de Espíritos perturbadores. Se assim fosse ninguém teria segurança na Terra. Considere que o mal nos afeta à medida que encontra correspondência em nós mesmos. Refiro-me não ao exercício da maldade, mas a ausência de um esforço consciente e disciplinado voltado para o Bem. Alice é uma esposa fiel. Cumpre suas obrigações domésticas, faz o melhor. Não obstante, como ocorre com a maioria das pessoas, tem suas limitações, seus momentos de fraqueza, de nervosismo, de insatisfação, por não preencher inteiramente seu tempo com o autoaprimoramento, o estudo, a participação na vida comunitária... Nossa distração em relação aos objetivos mais nobres da jornada humana cria um vazio existencial que facilita a ação daqueles que querem nos perturbar.

— Não seria mais prático essas entidades dirigirem suas baterias sobre mim, já que sou o alvo desejado?

— Até que gostariam, mas não conseguem. Embora tenha suas imperfeições como toda gente, você possui uma mente vigorosa e ocupa seus espaços mentais no trabalho persistente, inspirado em nobres ideais. É a sua defesa...

— Realmente, isso me preocupa muito. Tento fazer o melhor. Às vezes me pergunto se estou agindo com justiça. É complicado...

— Nem tanto... Jesus, neste particular, foi o mestre maior. Ensinava, com a simplicidade da sabedoria autêntica, que praticar o bem é fazer ao semelhante o que gostaríamos de receber dele. Essa máxima deveria ser observada pelos que dão cumprimento à lei. Que se imaginem no lugar do réu para que a justiça, temperada de boa vontade e discernimento, promova a recuperação do criminoso. Infratores primários deveriam ter como pena tarefas em favor da coletividade, ao invés de segregá-los em prisões que, como você sabe, são escolas de criminalidade.

A conversa foi interrompida pela chegada do doutor Aurélio, diretor clínico do hospital que, após cumprimentar os dois visitantes, informou:

— Segundo a carta de encaminhamento do hospital de origem, Alice está sofrendo um surto psicótico. Considerando, entretanto, o fato de que sempre sustentou um comportamento normal, relacionando-se razoavelmente bem com a família, suspeitávamos tratar-se de uma obsessão. Esse diagnóstico foi confirmado pelo médico espiritual que compõe nossa equipe clínica.

— Médico espiritual?... — balbuciou Luiz, sem entender.

— Sim. Estamos numa instituição espírita em que mobilizamos todos os recursos da medicina tradicional, sem esquecer a medicina espiritual. Contamos com médicos desencarnados que, por intermédio de médiuns bem treinados, auxiliam no diagnóstico e tratamento dos enfermos.

— Dá bons resultados?

— Excelentes, à medida que temos uma visão global dos problemas do paciente, envolvendo aspectos físicos e espirituais.

— E como se dá o socorro espiritual?

— Bem, temos reuniões de orientação moral e evangélica com os pacientes, aplicação de magnetismo, vibrações, leituras de cunho espiritualizante. Há

O VASO DE PORCELANA

trabalhos de desobsessão em que buscamos ajudar os Espíritos que assediam os pacientes. Mais do que suas vítimas, eles necessitam de carinho e compaixão.

— Funcionará com Alice?

— Estou certo disso. Ela experimentará sensível melhora. Em breve retornará ao lar. Aí é que lhe caberá o trabalho complementar, adotando medidas de fortalecimento psíquico a partir de uma iniciação espírita.

Luís sorriu:

— Acho curiosa semelhante prescrição da parte de um médico.

— A Doutrina Espírita é a base da medicina do futuro, quando os homens compreenderem que a maioria de nossos problemas de saúde tem origem espiritual.

— Não teme ser mal-interpretado?

— Isso pode ocorrer, eventualmente. Afinal, ainda há quem julgue que o Espiritismo é coisa de doidos. Não obstante, os resultados superam qualquer preconceito. Quando os pacientes verificam que a terapia espiritual funciona tornam-se entusiasmados defensores dela. Muitos se convertem aos postulados doutrinários.

Despediram-se os visitantes.

Luiz levava as melhores esperanças.

Alice estava em boas mãos.

MARÇO

Assumindo o serviço, embora a princípio sem contato direto com os doentes, Rogério assustou-se com aquelas figuras atormentadas conduzidas à internação por angustiados familiares.

Jamais imaginara que as drogas provocassem efeitos tão devastadores.

Vencendo a timidez inicial, começou a conversar com os doentes. Ouvia-lhes as queixas, os dramas pungentes. Compadecia-se deles.

Osório deu-lhe uma tarefa especial: ler para os pacientes.

Forneceu-lhe livros espíritas — romances, histórias, contos, que Rogério lia metodicamente.

A princípio tinha poucos ouvintes.

Logo eram muitos.

E tanto os pacientes quanto o improvisado locutor emocionavam-se com passagens maravilhosas que consolavam e edificavam ao mesmo tempo.

Algo notável aconteceu.

À medida que Rogério interessava-se pelos toxicômanos começou a esquecer o apelo das drogas.

— É assim mesmo. — explicava Osório, que frequentemente o visitava no hospital — Quando ajudamos as pessoas a resolverem seus problemas Deus resolve os nossos.

— É incrível como todos nos envolvemos com as leituras. Pacientes que viviam isolados, fechados em si mesmos, ouvem atentos, revelam interesse. Parecem entender...

— Mesmo que não entendam, os conceitos que você lê são sementes preciosas que florescerão no tempo propício, ajudando-os em sua recuperação.

***

— Oi Benê...

— Bom dia, dona Luísa — respondeu a serviçal sorrindo, a observar que a patroa ultimamente estava mais animada, superando a marca de tristeza que se imprimira em seu rosto desde que o marido partira.

— E o Osório?

— Saiu por alguns momentos. Disse que volta já. Tem um compromisso com a senhora...

— Sim, hoje é dia de irmos à favela.

— E como vai o trabalho?

— Muito bem, Benê. Estamos fazendo uma reforma geral na boca da criançada. É gratificante... Mas não é só o trabalho... Sou eu. Achei uma nova motivação...

— Um novo amor?

— Indiscreta...

Ambas sorriram, enquanto Luísa completava:

— Um grande amor, sim, pelo serviço do Bem. Osório vêm me mostrando que é possível ser feliz em qualquer situação, se conservamos a disposição de servir. Esse é o meu novo amor...

— Eta, seu Osório! Parece um mágico. Neste pouco tempo em que está aqui mudou completamente nosso ambiente. Até eu, que andava meio perrengue, estou jóia.

— É verdade, Benê. Tio Isaltino o apresentou num bilhete, dizendo que era um presente muito especial. Agora entendo. Osório foi o melhor presente que já recebi.

— Como um pai que veio do céu...

Luísa suspirou.

—Ah! Benê, é assim que o vejo! Um pai muito querido!

— Não dá para fazer a adoção?

— Ele já me adotou. Fico espantada com o carinho que tem comigo e os demais familiares. É um homem muito bom... e misterioso também. Procuro saber algo a seu respeito, mas ele sempre dá um jeito de desconversar. Só sei que morou muitos anos no Nordeste. Depois passou algum tempo em Belo Horizonte. Parece que não tem família...

— É um solitário. Às vezes vejo tristeza em seu olhar.

— Deve ter seus problemas também, Benê. Mas não creio que seja infeliz. Aliás, ele mesmo tem comentado que felicidade não é mera dádiva do céu. É uma conquista interior. Nesse particular ele é mestre.

A chegada de Osório interrompeu o diálogo.

— Posso saber de quem as comadres estão falando?

— E como sabe que estamos falando de alguém? — perguntou Luísa a sorrir.

— Simples: é impossível duas mulheres conversarem sem falar de uma terceira pessoa.

— Machista!

— Realista. Mas não importa, desde que se fale bem, de forma edificante. E quanto a isso não tenho dúvidas. Se bem as conheço, sei que não perderiam tempo com a maledicência...

Um grito o interrompeu.

— É Marli! — exclamou assustada Luísa.

Acorreram ao quarto da jovem.

Foram encontrá-la deitada no leito, banhada em suor, a tremer...

— O que foi Marli? — adiantou-se Luísa, abraçando-a.

— Tinha um homem em meu quarto.

— Acalme-se, filha. Foi apenas um sonho.

— Não foi sonho, mamãe. Olhava-me fixamente, expressão má...

— Um ladrão não pode ser. A janela está fechada.

Osório interveio:

— Foi uma espécie de pesadelo. Provavelmente um Espírito esteve a perturbá-la durante o dono e você guardou impressões relacionadas com sua presença, julgando vê-lo a seu lado ao acordar. Nesse limiar entre o sono e a vigília, quando vamos dormir ou despertamos, afloram essas reminiscências.

— Se era um Espírito estava mal intencionado. Parecia querer agredir-me ou hipnotizar-me...

— Não conhecemos sua intenção mas podemos neutralizar sua influência com a confiança nos bons Espíritos e em nós mesmos. Há um outro recurso para afastarmos essas entidades. É chegado o tempo de instituirmos o Culto do Evangelho.

— Pensei que o Espiritismo não adotasse rituais. — estranhou Luísa.

— Você está certa. Não há em nossos arraiais o culto exterior, caracterizado por fórmulas verbais e cerimônias. Por serem repetitivas, esvaem a emoção, sem o quê fica difícil estabelecer a sintonia com o Céu.

— O que é, então, o Culto do Evangelho?

— Em sua expressão mais simples é um diálogo familiar, um "papo amigo" em torno dos ensinamentos de Jesus.

— Mas por que a expressão culto, que define uma forma exterior de adoração?

— Há muitas formas de cultuar a divindade. Uma delas é procurando compreender sua vontade a nosso respeito, pelo empenho de aprendizado de suas leis, exatamente o que se faz no Culto do Evangelho.

— Com o culto não terei mais o pesadelo de hoje? — indagou Marli, interessada.

— O Culto do Evangelho, assim como a frequência ao Centro Espírita, não detém poderes mágicos. Sua melhora depende essencialmente de seu empenho por assimilar e viver os princípios doutrinários. Não obstante, durante nossa reunião familiar sempre haverá amigos "do outro lado" a nos proporcionarem recursos de fortalecimento espiritual. Os males que a afligem serão reduzidos e, aos poucos, ajustando-se à orientação espírita, você verá que sua mediunidade haverá de converter-se num precioso instrumento de trabalho.

— Ficarei muito feliz se puder ajudar alguém.

— Ajudará muita gente, Marli. Foi para isso que você escolheu a tarefa mediúnica, antes de reencarnar. Há um longo caminho a percorrer, mas você chegará lá.

— Com sua ajuda...

— Com a ajuda dos bons Espíritos, que nunca lhe faltará se conservar-se fiel.

***

Alice abriu os olhos e olhou ao redor, sem compreender onde estava.

Alguma claridade entrava pela veneziana, permitindo-lhe constatar que era um quarto simples, mobiliado com pequeno armário, um criado-mudo e a cama onde estava deitada.

Levantou-se e caminhou até a porta.

Abrindo-a viu-se num extenso corredor, ao longo do qual havia várias portas.

Estou num hotel? Será um Hospital?

Não compreendia o que estava acontecendo.

Por que viera parar ali?

Suas reminiscências quanto aos dias anteriores eram muito vagas. A agitação que a acometera, a debilidade nervosa, Luiz conduzindo-a ao médico, o contato com pessoas doentes, exames variados, uma angústia muito grande...

Agora, embora a estranheza da situação, sentia-se bem.

Desaparecera o peso no coração. Estava tranquila.

Uma jovem vestindo impecável uniforme branco, aproximou-se:

— Olá, dona Alice. Como se sente?

— Bem... um pouco confusa. Como vim parar aqui?

— Não foi nada. Esteve doente e sofreu essa amnésia passageira...

— E Luís, meu marido?

— Virá buscá-la logo.

— Posso falar com o médico?

— Claro. Vou providenciar.

O próprio doutor Aurélio veio atendê-la.

— Então, minha filha, melhorzinha?

— Sim, mas sem compreender o que aconteceu. Soube que estou internada há duas semanas e praticamente não lembro de nada. Fiquei louca?

— Não. Nem mesmo foi uma doença mental. Basicamente seu problema foi de ordem espiritual.

— Estranho, tenho uma amiga que é espírita. Há tempos insiste que devo procurar um Centro Espírita.

— Foi pena não tê-lo feito. Poderia evitar os transtornos que enfrentou.

— O senhor fala como espírita ou como médico?

— Sou médico espírita, ou, mais exatamente, tento ser um espírita médico...

— Há alguma diferença?

— Bem, o médico espírita é um profissional liberal que faz de sua profissão um recurso em favor da própria subsistência e de seu progresso material. Eventualmente poderá exercitar a generosidade e o desprendimento que a Doutrina recomenda, desde que isso não prejudique seus interesses. Já o espírita médico é, acima de tudo, alguém que tenta vivenciar os princípios espíritas na sua profissão, exercitando a vocação de servir em primeiro lugar, sem condicionar sua dedicação e seu empenho às possibilidades financeiras do paciente.

— Um sacerdote da Medicina...

— Tento ser um médico de verdade, na melhor tradição de Hipócrates.

Após breve pausa acentuou:

— Consideremos, ainda, a aplicação do conhecimento doutrinário. Como médico eu teria diagnosticado seu caso como uma psicose, submetendo-a a tratamento com tranquilizantes, eletroterapia, insulinoterapia... Como espírita considero tratar-se

O VASO DE PORCELANA

de um processo de influência espiritual. Por isso prescrevi determinados medicamentos apenas como complemento do tratamento básico — passes, orientação evangélica, desobsessão...

— Desobsessão?

— São reuniões privativas. Os pacientes não participam mas tem seus nomes citados para vibrações e orientação espiritual. Não raro manifestam-se Espíritos que estão gerando os problemas em suas vítimas. Quando esses são afastados a melhora do paciente é bem rápida.

— Eu estava sob essa influência?

— Sim.

— Os Espíritos foram afastados?

— Receberam o estímulo da palavra franca e amiga, o impulso das vibrações, a força do ambiente. Todavia, só o tempo dirá se realmente se transformaram...

— Assim, estou sujeita a recaídas?

— Não necessariamente. Você agora está informada a respeito e receberá, juntamente com Luiz, orientações quanto aos recursos espirituais que poderão mobilizar para a defesa...

— Bem, Doutor, de certa forma sinto-me aliviada. Afinal, é preferível saber que meus problemas tem origem espiritual. Que não sou louca.

— A "loucura" que você experimentou afeta mais gente do que se pode supor. Multidões carregam o fardo pesado de influências espirituais inferiores. As vítimas sentem-se perturbadas e tensas. Escondem dos próprios familiares suas angústias. Temem que as situem por mentalmente desequilibradas. Somente quando o transbordamento das amarguras se faz sentir, numa explosão de violência, numa tentativa de suicídio, num gesto impensado, é que seus problemas tornam-se conhecidos.

Horas mais tarde Alice abraçava emocionada o marido que viera buscá-la.

Sentia-se muito feliz, sensação de tranquilidade e bom ânimo como há muito não experimentava.

Sabia quais os caminhos que deveria trilhar para manter-se assim.

Haveria de dedicar-se ao aprendizado da Doutrina Espírita.

***

Conforme o combinado, iniciou-se na noite aprazada o Culto do Evangelho, no lar dos Manfrinis, com a presença de Benê, Luísa, Eduardo e Marli.

— É muito simples. — explicou Osório — Como já comentei, trata-se de uma reunião na intimidade do lar para conversar sobre textos evangélicos à luz da Doutrina Espírita. A ideia é fazer todos participarem nos comentários, desenvolvendo a capacidade de raciocinar em torno dos princípios espíritas cristãos com a melhor didática que é o diálogo em família. É preciso trazer Jesus para o cotidiano. Superar a ideia de que os conceitos evangélicos constituem material para o interior das igrejas. Superar o constrangimento de falar sobre o assunto em casa, na rua, na atividade profissional. Jesus não abordou temas inacessíveis, à distância do senso comum. Usava expressões muito simples, com ensinamentos em torno de situações do dia a dia.

Tomando um exemplar de **O Evangelho Segundo o Espiritismo,** Osório anunciou:

— Temos aqui o aspecto religioso da Doutrina Espírita, ou a interpretação do Evangelho à luz dos ensinamentos ditados, pelos Espíritos Superiores, a Allan Kardec. Há duas opções: estudá-lo metodicamente, em sequência de leitura, ou abri-lo ao acaso, pedindo a inspiração dos benfeitores espirituais para que tenhamos uma lição adequada às nossas necessidades. Adotaremos, a princípio, a segunda.

Após a prece, Osório leu:

Se, portanto, quando fordes pôr vossa oferenda no altar, vos lembrardes de que vosso irmão tem qualquer coisa contra vós, deixai a vossa dádiva junto ao altar, e ide, antes reconciliar-vos com o vosso irmão; depois, então, voltai a oferecê-la.

A seguir os comentários de Kardec:

Quando diz: "ide reconciliar-vos com o vosso irmão, antes de depordes a vossa oferenda no altar", Jesus ensina que o sacrifício mais agradável ao Senhor é o que o homem fará do seu próprio ressentimento; que, antes de se apresentar para ser por ele perdoado, precisa o homem haver perdoado e reparado o agravo que tenha feito a algum de seus irmãos.

Só então a sua oferenda será bem aceita, porque virá de um coração expungido de todo e qualquer sentimento mau.

Ele materializou o preceito, porque os judeus ofereciam sacrifícios materiais; cumpria-lhe conformar suas palavras aos usos ainda em voga.

O cristão não oferece bens materiais pois que espiritualizou o sacrifício.

Com isso, porém, o preceito ainda ganha mais força. Ele oferece sua alma a Deus. E essa alma tem que ser purificada.

Entrando no templo do senhor, deve ele deixar fora todo sentimento de ódio e de animosidade, todo mau pensamento contra seu irmão.

Só então os anjos levarão sua prece aos pés do eterno. Eis aí o que ensina Jesus por estas palavras:

"Deixai a vossa oferenda junto do altar e ide primeiro reconciliar-vos com o vosso irmão, se quiserdes ser agradável ao senhor".

— Então, — perguntou Osório — quem falará primeiro?

Passam-se alguns momentos de expectativa.

— Benê?...

...

— Eduardo.

...

— Marli?...

...

— Luísa?...

...

Osório sorriu.

— É natural. Não estão habituados. Há alguma inibição que será superada com o tempo. Diga-me, Luísa, o que você entendeu na explicação de Kardec de que o cristão espiritualizou o sacrifício?

— Bem, ao que sei, os judeus costumavam sacrificar animais a Jeová. Hoje não se faz mais isso.

— Exatamente, embora ainda não tenhamos atingido o estágio ideal de comunhão com a Divindade, que seria a elevação do sentimento. Os profitentes religiosos habituam-se a fórmulas verbais e com isso caem no automatismo, inibindo o coração. Mas a essência da lição refere-se ao perdão. Benê, como você explicaria a afirmação que é preciso perdoar os inimigos, antes de procurar a comunhão com Deus?

— Acho que é porque quando a gente tem raiva de uma pessoa não faz nada direito. Para rezar, então, nem se fala! não dá para conversar com Deus tendo vinagre do coração.

Luísa completou:

— Não é fácil perdoar as ofensas, mas sempre admiti que se é um absurdo reverenciar a Deus querendo mal a seus filhos.

— Mas tem coisa que não dá para perdoar. — falou Marli, lembrando-se do pai. — Além do mais, se somos todos filhos de Deus, o ofensor também deveria pensar nisso antes de nos ofender.

— Entretanto, — explicou Osório — não podemos esquecer que a dinâmica do Evangelho impõe que nos analisemos em relação aos princípios divinos, sem criticar o comportamento alheio. Caso contrário o Evangelho se transformará para nós numa clava para dar pancadas em alheias cabeças. Além disso, é fundamental lembrar que quando perdoamos não fazemos favor a ninguém. É o mínimo a que somos convocados, até para que nos beneficiemos com a oração...

Eduardo animou-se:

— Tudo isso tem lógica. Não ficar grilado quando nos pisam nos calos mantém a cabeça fria. Duro é quando se trata de alguém ligado ao nosso coração, de quem esperávamos muito. Arrebenta até com a vontade de viver.

— Ainda aqui o perdão é a nossa defesa. — explicou Osório — Mas, para que possamos exercitá-lo em plenitude, é indispensável cultivar os dons da compreensão. Lembro-me de uma expressão feliz do Espírito Humberto de Campos, no livro **Boa Nova**, de nosso Chico Xavier. Num diálogo com os discípulos, Jesus informa que o homem é mais frágil do que mau. Se entendermos assim não teremos dificuldade em perdoar.

— E se a gente não consegue? — perguntou Marli.

— É que também temos nossas fragilidades, mas aqui podemos inverter o processo da oração. Em vez de limpar o coração para nos ligarmos a Deus, podemos pedir a Deus que nos ajude a limpar o coração. Se houver sinceridade de propósitos, Nosso Pai não nos faltará.

A troca de ideias estendeu-se, ainda por alguns minutos, fixando nos componente do grupo noções renovadoras de comportamento, fundamentadas no Evangelho, sob a assistência prestimosa de Osório.

Atendendo convite do dirigente, Luísa dispôs-se à prece de encerramento:

— Senhor Jesus, queremos te agradecer a bênção desta reunião informal, em que falamos de tuas lições... Agradecemos a presença de Osório, um amigo muito querido que enviaste para nos orientar. E te rogamos a força necessária para cumprir teus sábios desígnios. Assim seja.

Abrindo os olhos Luísa cruzou o olhar com Osório, surpreendendo discretas lágrimas em seus olhos.

Também se sentia emocionada, buscando definir o porquê daquela imensa ternura que sentia por aquele velhinho adorável...

ABRIL

Basicamente, quem enfrentava o problema menor, dentre os muitos existentes no lar dos Manfrinis era Eduardo.

Afinal, apenas levara um fora da namorada, no jogo dos amores eternos de alguns dias e da insegurança que caracteriza as primeiras emoções nos domínios do sentimento.

Ocorre que os jovens não costumam ser racionais no relacionamento afetivo.

Os arroubos juvenis sustentam-se mais do fluxo hormonal, esbarrando, por isso, na dificuldade em racionalizar. Assim, solenizam suas decepções amorosas, cultivando sofrimentos desnecessários e perturbações indevidas.

As longas conversações com Osório renovavam seu ânimo e os passes magnéticos retemperavam suas energias.

Não obstante, experimentava crises de depressão e continuava a cultivar insólita vocação para o isolamento, trancado no quarto qual monge em cela de penitências.

Vanessa não lhe saia da cabeça.

Ainda pensava, eventualmente, em morrer, acabar com aquela aflição! Chegava a alimentar sadicamente a ideia de impor um complexo de culpa na ex-namorada.

Mas não valia a pena. O preço seria alto demais. O Espiritismo deixava bem claro que o suicídio é uma "barra pesada".

Osório não lhe parecia alguém iludido em suas convicções.

E se tudo for verdade? – matutava com seus botões — *matar-me apenas complicará minha vida...*

A dúvida o beneficiava.

Num de seus momentos negros voltou a abrir-se com Osório.

— O que me deixa perplexo é esta dificuldade em tirar Vanessa de minha cabeça. Não é uma sombra, mas algo profundamente entranhado em mim, sempre presente no que faço, no que penso, por onde vou.

— Como a dolorida presença de um membro amputado...

— Isso aí! Definição perfeita. A gente sabe que não existe mais, mas a lembrança se entranha no coração, não sai da cabeça...

— Só que você não perdeu nada, meu filho. Apenas foi ferido em seu amor próprio, por levar o fora da namorada. Não se trata de nenhuma tragédia. Acontece com toda gente. O problema é sua fixação em torno do assunto. Quando nos detemos muito em nossos problemas eles crescem assustadoramente aos nossos olhos. Você julga ter perdido a mulher de sua vida sem considerar a inconsistência dessa ideia, já que ela não o considera assim. A ausência de reciprocidade sinaliza que não devemos nos iludir.

— E o que o senhor me aconselha?

— Mexa-se. Não cultive horas vazias, fermento ideal para o recrudescimento de nossas angústias. Não se limite à escola pela manhã. Assuma atividades no período da tarde. À noite há tarefas que você pode desempenhar no Centro, como voluntário...

Embora a relutância de Eduardo, Osório tomou a iniciativa de lhe arranjar afazeres e em breve seu tempo livre estava tomado por um emprego e tarefas no Centro.

A princípio sentia-se contrafeito, mas, aos poucos os novos compromissos começaram a modificar-lhe as disposições íntimas. Novos contatos, novas amizades, abençoadas responsabilidades...

A figura de Vanessa começou a esmaecer em seu cérebro, desafogando o coração.

***

Leandro, o presidente do "Seara Cristã", conversava com Osório.

— Em nossas reuniões de desobsessão ficou bem caracterizado o problema da família Manfrini: Espíritos buscando semear confusão. Mas a batalha está sendo vencida. As próprias entidades reclamam que já não conseguem envolver tão facilmente suas vítimas.

— O pessoal está mais consciente. A família toda fez grandes progressos...

— Marli revela notável potencial. Um de nossos mentores comentou que se trata de um Espírito compromissado com nobre tarefa mediúnica.

— E ela vai se compenetrando disso. É muito aplicada no estudo da Doutrina e melhorou bastante. Já não sofre as crises que a atormentavam. Os perseguidores espirituais perderam o acesso ao seu psiquismo. Está aprendendo a se defender...

— E Eduardo?

— Consegui tirá-lo do quarto, o refúgio onde passava horas curtindo sua paixão. O quadro vem sofrendo expressiva transformação.

— Falando nisso, Luísa está muito bem, assídua às reuniões, colaboradora incansável na favela. Uma revelação!

— Ela tem um coração de ouro. Pessoas assim, como você sabe, realizam-se nas tarefas do Bem...

— E há o Rogério envolvido com o trabalho no hospital, Luiz e Alice participando de nossos cursos, Jonas e Cíntia assumindo compromissos na Casa... Você está fazendo um trabalho muito bom. Sua contribuição é inestimável. Nem um pai faria tanto...

Osório esboçou um sorriso.

— Sim, bem que gostaria de abraçar Luísa como filha adorada e todos os demais como familiares muito queridos...

***

O estágio de Rogério no hospital psiquiátrico espírita estava chegando ao fim. Mais algumas semanas e ele terminaria o cumprimento de sua "pena".

Mas pretendia continuar. Afeiçoara-se ao serviço.

— Sabe de uma coisa, — dizia para Osório num de seus encontros — descobri minha vocação. Quero ser médico psiquiatra. Farei o que for preciso. Criei vergonha. Pretendo dedicar-me ao estudo.

— Pois bem, — explicou-lhe sorridente Osório — vou contar-lhe um segredo: Ao reencarnar, enquanto se encontrava no plano espiritual, você assumiu o compromisso de trabalhar como médico na Terra, especializado em doenças mentais. Quando o juiz o sentenciou a trabalhar no hospital estava apenas dando-lhe o impulso para cumprir seu destino.

— E se isso não acontecesse, eu continuaria alheio ao assunto?

— A convocação sempre se faria sentir, mas você correria o risco de seguir por outros caminhos se persistisse na inconsequência. Esse é o grande problema do Espírito encarnado. Ninguém vem à Terra para ser bandido, toxicômano, alcoólatra... Por isso toda pessoa transviada é três vezes infeliz: não cumpre o planejamento do passado, compromete o presente e complica o futuro.

MAIO

Anoitecia.
Hora crítica para Luísa.
Durante muitos anos eram no pôr do Sol seus momentos mais aconchegantes ao lado do marido.

Por que, meu Deus? Por que aquela mulher atravessou meu caminho? Jovem, rica, atraente... Poderia envolver-se com alguém descomprometido, mais novo, mais charmoso... Além do mais, Carlos tem idade para ser seu pai...

Não a odiava, nem a "contemplava" com palavrões e comentários desairosos.
Coração generoso, Luísa desconhecia ódios e rancores.
Compadecia-se de pessoas comprometidas com o erro, o vício, a maldade...

Na verdade, se devesse odiar alguém seria Carlos, que traíra sua confiança. Porém, apesar de tudo, amava o marido com todas as forças de sua alma.

Ficara a mágoa, que naquele momento transbordava em lágrimas que desciam impertinentes por suas faces, misturando-se à água que jorrava da mangueira...

— Então, Luísa, descobriu nova fonte para o jardim...

Diante dela estava Osório, que se detivera a contemplá-la por alguns momentos, observando-lhe o pranto silencioso...

— Ah! Osório! É muito difícil. Pior que a morte! Se Carlos houvesse falecido num acidente, poderia consolar-me dizendo que cumprira-se a vontade de Deus, que nos reencontraríamos na eternidade. No entanto, não foi nada disso. Eu o perdi para outra mulher, mais jovem, mais atraente e tudo o que posso guardar é a recordação de um amor que acabou para ele, mas continua entranhado em meu ser.

— É normal, minha filha. Amor não é uma torneira que possamos abrir ou fechar, como quem rega um jardim... É preciso dar tempo. Mas diga-me, como começou o envolvimento de Carlos com essa jovem?

— Há dois anos. Ela o procurou como cliente, no escritório de publicidade. Carlos passou a dar-lhe assistência, frequentando sua empresa. Envolve-ram-se numa louca paixão, até que, no início deste ano, ele confessou tudo, dizendo-se incapaz de continuar me enganando. Resolveu assumir seu relacionamento com Júlia.

— Você não notou nenhuma alteração nele?

— Impossível não perceber. Sentia Carlos introvertido, triste, amargurado mesmo. Mostrava-se esquivo, distante... As próprias crianças notaram isso. Ele sempre foi um pai amigo, que se interessava pelas atividades dos filhos. Marli, principalmente, tem grande afinidade com ele. Cobrava-lhe o distanciamento. Ele justificava-se alegando excesso de trabalho. Eu percebia que havia algo, mas jamais poderia imaginar que se tratasse de outra mulher...

— Envolvimento passionais como esse são tropeços na vida das pessoas. Duvido que Carlos esteja feliz. Além disso, não esqueça que há um processo obsessivo movido por Espíritos que desejam prejudicar vocês. Coisas do passado. Com a ajuda de Deus acabará sendo superado. Então, a pressão passional perderá força e ele acabará por cair em si, como o filho pródigo da passagem evangélica.

— É possível aos Espíritos acenderem o fogo da paixão?

— Podem aproveitar-se de uma atração física, levar o obsidiado à fixação mental e precipitá-lo em desejo ardente de comunhão carnal que inspira os envolvimentos passionais. Fazem abrasar o coração. Mas não têm o poder de sustentar indefinidamente o processo. Esgotado o desejo, se não houver legítima afinidade entre os parceiros, ocorrerá o fastio e o relacionamento esfriará... É uma questão de tempo.

— Então devo esperar...

— Sim, lembrando que esperar é a forma verbal da esperança, luz misericordiosa de Deus que deve iluminar os caminhos escuros quando desce a noite. Assim, não quero vê-la desalentada e infeliz. Carlos ainda vai precisar muito de você. É preciso manter-se porto seguro para o filho pródigo que retornará,

Luísa sorriu.

Velhinho adorável! Perto dele não há espaço para mágoas e tristezas!

Num gesto espontâneo, misto de carinho e reconhecimento, Luísa o beijou ternamente.

Como sempre acontecia, nesses momentos em que o tratava com ternura filial, Luísa percebeu lágrimas furtivas a brotarem em seus olhos lúcidos.

***

O VASO DE PORCELANA

Seguindo a orientação de Osório, que lhe pedira para ocupar todo seu tempo evitando fechar-se em si mesmo, Eduardo iniciara uma participação como voluntário no Albergue Noturno mantido pelo Centro Espírita Seara Cristã.

A instituição atendia perto de oitenta pessoas, diariamente, oferecendo-lhes banho, alimentação e pernoite.

O trabalho noturno era todo executado em bases de voluntariado.

No dia seguinte uma assistente social fazia o encaminhamento aos recursos da comunidade.

Funcionava ininterruptamente.

As equipes revezavam-se em rodízio semanal, congregando algumas dezenas de voluntários.

No contato com as misérias alheias, observando aquela multidão de famintos e maltrapilhos, em situação precária; gente que não tinha onde morar, pouco que vestir, nada para comer, sem recursos para atender às mais elementares necessidades, atribulados párias sociais, Eduardo experimentou a "catarse do Bem".

O esforço desenvolvido em favor daqueles sofridos migrantes funcionava como poderosa purgação de lembranças infelizes, aliviando seu coração.

Surpreendia-se, às vezes, ao notar que conseguia passar algum tempo sem a presença de Vanessa em seu mundo íntimo.

A princípio eram fugazes momentos, depois minutos; agora eram largos espaços, principalmente nas noites em que convivia com os companheiros no albergue...

Não obstante, a recuperação plena ainda levaria algum tempo para consolidar-se. Teve noção disso naquela manhã, quando cruzou com ela nas proximidades da escola, acompanhada de um rapaz.

— Oi! Tudo bem? — perguntou Vanessa, sorridente.

As pernas tremeram, o coração pôs-se a saltar no peito, faltou-lhe voz, e tudo o que pode fazer foi um rápido aceno de mão, ensaiando um sorriso displicente...

O resto do dia foi sacrificado ao culto daquela paixão não correspondida que lhe fervia o sangue e sangrava o coração.

À noite pretendia trancar-se no quarto para curtir sua fossa.

Osório, que o observara macambúzio durante o jantar, não deixou. Levou-o ao jardim e falou-lhe como se enxergasse o mais recôndito de sua alma:

— Vejo que teve uma recaída. Mas é assim mesmo. A paixão como uma enfermidade, decresce e recrudesce, como o vaivém das marés, ao sabor dos acontecimentos... O fundamental é não esmorecer. Se está pensando em isolar-se, como em seus piores momentos, não o faça. Embora hoje não seja dia de seu plantão, vá ao albergue. Entregue-se ao serviço, ocupando a mente e as mãos.

Rendendo-se à autoridade moral exercida com bonomia por aquele avô postiço que aprendera a respeitar, Eduardo atendeu à orientação.

Sua presença foi providencial.

Noite chuvosa, escassos voluntários, enchente de albergados.

O jovem passou abençoadas horas envolvido com o serviço, sem tempo para devaneios doloridos que atuam como ácido sobre os males do coração.

Naquela noite conheceu uma família de nordestinos que vieram tentar a sorte em S. Paulo.

Nada menos que dez pessoas.

O marido, calejado trabalhador braçal; a esposa, sofrida parideira de uma escadinha de crianças. Começava com o recém-nascido e terminava num inquieto primogênito de doze anos.

Compadecido de tanta penúria, Eduardo esqueceu-se de seus fantasmas por alguns dias, ajudando os migrantes a encontrar recursos de subsistência e um lugar onde morar.

JUNHO

Sorridente e feliz, Marli procurou Luísa.

— Sonhei com papai. Em princípio, ao vê-lo, sentia-me cheia de revolta, aquelas coisas que a senhora conhece. Mas ele me pareceu tão acabrunhado, triste mesmo, que acabei me compadecendo. Não deu para fixar os detalhes, mas guardei bem nítido um momento em que me abraçou pedindo perdão... Acordei chorando e toda a raiva que sentia dele desapareceu. Tenho certeza de que estivemos juntos!

— Quem sabe dessas coisas é o Osório. Já o ouvi comentando que durante as horas de sono andamos pelo mundo espiritual e podemos conversar com os Espíritos desencarnados ou mesmo encarnados que por lá transitam.

— Acredita que ele se sente infeliz?

— Não sei, minha filha, mas alegro-me em saber que você já não detesta seu pai. Por que não lhe telefona?

— Vou pensar...

***

Atendendo à sugestão materna Marli ligou para o pai.

Uma voz feminina atendeu.

— Alô...

— De onde fala?

— Com quem deseja falar?

— Com meu pai, Carlos...

— Não está!

Júlia desligou o telefone sem dar chance ao diálogo.

Não queria contatos com a família de seu companheiro.

Era o passado que não lhe interessava, que poderia atrapalhar sua felicidade.

— Quem foi — perguntou Carlos, que chegava...

— Discaram errado.

***

Marli pôs o telefone no gancho, mal contendo a indignação.

— Miserável!

— O que houve, minha filha? — perguntou Luísa que se aproximava.

— Aquela mulher... Não quis falar comigo. Simplesmente informou que papai não estava e desligou.

— Pode ter sido a serviçal...

— Não me pareceu jeito de empregada.

— Ligue mais tarde para o escritório. Assim não haverá problemas...

***

Após o almoço Marli ligou para o pai.

— Alô, papai?

Os olhos de Carlos brilharam.

— Oi, Marli, que alegria!

— Telefonei para saber como vai.

— Agora, com seu telefonema, estou ótimo!

— Embora tardiamente, quero pedir desculpas pelo que fiz no ano-novo. Estou envergonhada por ter ficado tantos meses sem falar com você. Sei que deve estar magoado. Perdoe, papai! Eu estava nervosa, perturbada mesmo...

— Não se preocupe, filha. Já passou. Quando poderei vê-la?

— Quando você quiser. E vou apresentar-lhe uma pessoa muito importante.

— Namorado?

A risada descontraída que ouviu trazia uma notícia feliz: restabelecera-se a comunicação entre ambos.

O VASO DE PORCELANA

— Não, papai. Ele é um pouco idoso para mim. Digamos que é uma espécie de avô. Seu nome é Osório. Está passando algum tempo conosco. Veio recomendado pelo tio Isaltino. É uma gracinha. Você vai ver...

— Está bem, minha querida. Que tal almoçarmos juntos amanhã?

— Ótimo!

— Espero por vocês no escritório, às doze horas.

**

Carlos entrou aborrecido no apartamento.

Seu mau humor contrastava com o exuberante sorriso de Júlia.

— Então, meu querido, tudo bem? — perguntou, ao mesmo tempo que o enlaçava, procurando beijá-lo.

Carlos desvencilhou-se.

— Conversei com Marli. Ela telefonou pela manhã. Disseram-lhe que eu não estava...

— Sim...

— Acontece que eu não havia saído. Você informou tratar-se de engano.

— Está me chamando de mentirosa?

— Apenas constato um fato.

— Ora, querido, já lhe disse que devemos enterrar o passado...

— Pare com isso, Júlia! Filhos nunca pertencem ao passado, nem mesmo quando morrem. São parte de nosso ser. Você nunca vai entender isso...

Procurando esfriar os ânimos, Júlia falou com suavidade:

— Desculpe, meu bem. É que o amo muito e tenho ciúmes. Não gosto de dividi-lo com ninguém.

E o enlaçou, sedutora, propondo-lhe uma bebida.

Mas Carlos a afastou num gesto rude, que não fazia muito seu gênero. Perguntando-se se não teria cometido o maior erro de sua vida ao envolver-se numa aventura passional que satisfazia o homem viril, mas estava longe de atender às suas aspirações afetivas mais íntimas...

Júlia serviu-se de generosa dose de whisky e se reclinou lascivamente no sofá.

Confiava em sua capacidade de sedução. Sempre funcionava.

Desta vez não deu certo.

Carlos afastou-se.

$$***$$

Osório entrou no escritório de Carlos, conduzido por Marli.

Em breves momentos, na sala ampla e luxuosa, pai e filha abraçavam-se saudosos.

— Papai, este é Osório, meu avô postiço...

Osório sorriu, estendendo a mão para o marido de Luísa. Percebeu, de imediato que ele não estava bem. O sorriso tentava sinalizar alegria mas os olhos traiam inequívoca melancolia.

Natural que assim fosse.

Sem consciência tranquila é difícil sustentar a alegria. Felicidade, nem pensar!

— Muito prazer, Osório. Marli falou-me a seu respeito. Agradeço-lhe pelo que tem feito em favor de minha família.

— Nada disso, Carlos. Se há alguém que presta um grande favor é Luísa com os filhos, oferecendo-me hospedagem por algum tempo.

— Modéstia dele, papai. Nem dá para enumerar tudo o que tem feito por nós com as luzes do Espiritismo.

Carlos estranhou a revelação.

A família não era ligada a atividades religiosas.

Tanto ele quanto Luísa sempre haviam passado aos filhos a ideia de que as religiões são inconsistentes, com princípios que não resistem à lógica.

Osório, que parecia adivinhar as dúvidas de Carlos, adiantou-se:

— Marli, disse bem. As luzes do Espiritismo, não as minhas. Sou apenas um aprendiz dessa doutrina maravilhosa, que é muito lógica em seus princípios, atendendo às nossas indagações existenciais.

Carlos sorriu. E pensou com seus botões:

Difícil atribuir alguma lógica a princípios religiosos inspirados em meras especulações...

— A grande vantagem do Espiritismo — continuou Osório — é não ser fruto de meras especulações... Allan Kardec, o codificador, fala, em **O Evangelho Segundo o Espiritismo,** quanto ao caráter universalista dos princípios espíritas, baseados em informações dos Espíritos. Essas notícias que vêm do além são confirmadas com o concurso de muitos médiuns, em vários países. Um médium, alguns médiuns, podem se enganar, mas isso seria impossível ocorrer envolvendo muitos deles.

Carlos espantou-se.

Osório revelava uma percepção desconhecida.

Respondia às suas dúvidas antes que as formulasse.

Decididamente atraído por aquele ancião de espírito vigoroso e lúcido, comentou:

— Confesso que nunca li nada sobre Espiritismo. Amigos espíritas recomendaram-me algumas leituras, mas não tenho tempo... Há sempre a exigência de assuntos mais prementes...

— Tenho aprendido que é uma questão de preferência. Sempre encontramos tempo para fazer o que desejamos. Quanto às prioridades em nossa vida, lembro aquele professor culto que atravessava caudaloso rio em pequena embarcação conduzida por humilde barqueiro. O professor vangloriava-se de sua cultura, indagando do barqueiro se conhecia temas relacionados com a filosofia, a ciência, as artes, a literatura. E a cada negativa proclamava: "Você perdeu parte da vida". Assim foi até que, em dado momento, houve um problema com o barco, que começou a afundar. O barqueiro perguntou-lhe: — "Sabe nadar?" O douto homem, a debater-se nas águas, gemeu que não. — "Então, meu filho, sinto muito. Você vai perder a vida por inteiro".

Enquanto Carlos e Marli sorriam, contagiados por seu bom humor, Osório concluía:

— Algo semelhante ocorre com as pessoas. Preocupam-se em "ganhar a vida" multiplicando interesses relacionados com o imediatismo terrestre e deixam de lado o essencial: a definição de onde viemos, por que estamos na Terra, para onde vamos. Por isso, quando desabam os temporais da existência, afogam-se nas águas do desespero e da perturbação, por faltar-lhes elementares noções sobre a existência humana.

A conversa estendeu-se. Primeiro no escritório, depois no restaurante.

Carlos nunca pudera imaginar que a Doutrina Espírita, que até então lhe parecera pura superstição, possuísse tão amplo repositório de esclarecimentos sobre questões existenciais.

Ao se despedirem levava um exemplar de **O Livro dos Espíritos,** que Osório lhe trouxera de presente.

JULHO

Eduardo preparava um trabalho para a escola.

Readquirira a alegria e a disposição para o estudo.

Como previra Osório, bastaram algumas semanas de empenho por ocupar suas horas para que aquela carga passional que o prendia a Vanessa começasse a diluir-se.

O telefone tocou, convocando-o ao teste do esquecimento.

— Oi, Eduardo, sou eu...

Nem era preciso dizer o nome.

Aquela voz melodiosa povoara seus sonhos por muito tempo.

Não obstante, não experimentou a emoção de outras vezes.

— Oi, Vanessa, tudo bem?

— Estou com saudades. O pessoal vai descer para o litoral amanhã. Que tal nos acompanhar?

— Não posso.

— Alguma garota?

— Não... É uma atividade no Centro Espírita.

— Não acredito!... Acha mais importante que o passeio?

— Compromissos devem ser respeitados.

— E o que vai fazer?

— Visitar uma favela...

— Que programão, Eduardo! Em pleno fim de semana!

— Estou tentando aproveitar melhor meu tempo.

— De qualquer forma quero ver você. Que tal no domingo à noite?

— Tenho provas na segunda. Vamos deixar para outro dia...

— Está me esnobando?

— Não Vanessa, é que realmente estarei ocupado.

— Tudo bem...

Vanessa mordeu os lábios, contrariada.

Não considerava Eduardo o homem de sua vida mas era sempre bom saber que poderia tê-lo à mão em qualquer momento, como eterno súdito a render homenagem à sua beleza e sedução.

Sua indiferença a incomodava. Mais que isso, despertava nela novo interesse.

Eduardo desligou o telefone pensativo.

Com ele ocorria o contrário.

Algo havia mudado.

Vanessa já não lhe parecia o assunto mais importante do Mundo. Deixando de lado sua figura insinuante de jovem muito bonita, não havia nada em comum entre eles.

Questionou-se.

Tentou definir se fizera charme ou se realmente algo esfriara dentro dele.

A segunda hipótese lhe parecia mais razoável.

Vanessa fora-se, conforme advertira Osório, como brumas de ilusão.

O velho sabia das coisas!

***

Do poder da inteligência se julga pelas suas obras. Não podendo nenhum ser humano criar o que a Natureza produz, a causa primária é, conseguintemente, uma inteligência superior à Humanidade.

Quaisquer que sejam os prodígios que a inteligência humana tenha operado, ela própria tem uma causa e, quanto maior for o que opere, tanto maior há de ser a causa primária. Aquela inteligência superior é que é a causa primeira de todas as coisas, seja qual for o nome que lhe deem.

— Perfeito — exclamou Carlos entusiasmado, ao terminar a leitura do item "Provas da Existência de Deus", no capítulo primeiro, de **O Livro dos Espíritos.**

Não se dizia materialista.

Adotara um posicionamento agnóstico porque as ideias religiosas a respeito de Deus não o convenciam. Eram demasiado fantasiosas.

No entanto, conforme destacara o codificador da Doutrina Espírita, um simples exercício de raciocínio impunha a existência de Deus.

Bastava analisar o Universo como um efeito inteligente, infinitamente superior à mais sofisticada realização humana.

Percebia agora que difícil é provar a inexistência de Deus. Explicar a criação sem a presença de um Criador.

— O que foi, querido, deu para falar sozinho? — perguntou Júlia que observara seu entusiasmo ao entrar na sala.

— É o livro que estou lendo. Traz ideias muito interessantes sobre Deus. Explica de forma tão objetiva sua existência que me empolguei...

— Assunto careta, meu anjo. — comentou Júlia enlaçando-se nele — Vamos cuidar de coisas mais práticas, como o nosso programa de hoje à noite. Temos convite para uma festa.

Carlos não escondeu seu aborrecimento, afastando a jovem.

— Ora, Júlia, não sei por que você rejeita qualquer tentativa em falar de algo sério.

— Quer assunto mais sério do que nosso lazer?

— E você acha que é mais importante do que cogitar da existência de Deus?

— Não é isso, meu bem. Acredito em Deus. Não tenho dúvidas quanto à sua existência, ponto final. Que nos ajude a todos e vamos cuidar da vida!

Era uma das facetas do caráter de Júlia que o aborreciam.

Sua absoluta incapacidade de ir além das abobrinhas.

Fechou o livro e, contrafeito, dispôs-se a tratar daquele grave tema: planejar um frívolo programa noturno.

Para evitar novos aborrecimentos levou o livro para o escritório onde o leu com crescente interesse.

Leu não seria exatamente o termo.

Literalmente devorou suas páginas, surpreendendo-se com aquela visão objetiva e clara a respeito do Universo, de Deus e dos Espíritos, os seres pensantes da Criação.

Deslumbrou-se.

Era como se vivesse em trevas e, de repente, começasse a enxergar. Havia ali não meras especulações sobre o destino humano, mas todo um manancial de conhecimentos lógicos, profundos, a partir das informações colhidas por Allan Kardec em seus contatos com os Espíritos.

Ficou sabendo que existe uma finalidade para a jornada humana, a exprimir-se no desenvolvimento das faculdades espirituais, morais e intelectuais.

Impressionou-se com a ideia de que há um planejamento existencial, relacionado com profissão, família, filhos e eventos mais significativos.

Então uma dúvida começou a martelar seu cérebro.

Cogitava dela, meditando em seu gabinete, quando anunciaram a presença de Osório.

Foi recebê-lo sorridente.

— Olá, meu caro amigo. Você parece que adivinhou que eu necessitava de suas luzes.

— Imaginei que gostaria de falar sobre o livro que lhe dei.

— Exatamente. Sempre almejei algo saber a respeito da vida. Nunca, entretanto, liguei-me a qualquer filosofia ou religião. Os filósofos parecem-me muito complicados, com sua linguagem arrevesada, formando um clube fechado de pensadores a discutirem ideias antagônicas; a religião tem conceituações demasiado infantis para meu gosto, inspiradas nas fantasias da Bíblia. Em **O Livro dos Espíritos** encontrei uma prodigiosa filosofia enunciada com extrema simplicidade. E ainda se dá ao luxo de sustentar-se em bases científicas para desembocar em consequências religiosas. Estou maravilhado!

O VASO DE PORCELANA

— E eu admirado com suas conclusões. Você conseguiu sintetizar o tríplice aspecto da Doutrina Espírita, que é ciência, filosofia e religião. Mas, diga-me, qual sua dúvida?

— Bem, há inúmeras. Não estão relacionadas com a dificuldade de entender os princípios. São muito claros e objetivos. Elas surgem quando analisamos nossa vida em função deles. A questão do determinismo e livre-arbítrio, por exemplo...

Osório o contemplou sorridente. Antecipava o que viria. Carlos continuou, reticencioso:

— Dá para entender que os casamentos, normalmente, fazem parte de um programa existencial... Terei reencarnado com um compromisso a ser cumprido junto a Luísa e meus filhos... No entanto, apareceu Júlia que me atraiu irresistivelmente, como um chamamento do destino. Não me sinto plenamente realizado porque, no fundo tenho muito carinho pela minha família e ao mesmo tempo sinto-me amarrado em Júlia... Seria essa situação uma espécie de provação?

— Algo programado?

— Sim...

— Lamento, Carlos, mas sob o ponto de vista espírita parece-me que não era seu caminho. Foi simplesmente um desvio, como ocorre com muita gente.

— Mas como explicar a atração que senti por Júlia?

— Problema do envolvimento passional. Quando a razão é subjugada pelo desejo os desvios assumem a nossos olhos a marca da fatalidade. Trata-se de uma acomodação aos próprios enganos.

— Exercitando o livre-arbítrio não temos o direito de reprogramar nossa existência?

— Claro, desde que os novos rumos não causem danos àqueles que partilham de nossas experiências. Assim, o direito de reprogramar esbarra, invariavelmente, no dever de respeitar os compromissos assumidos. Com a experiência de meus próprios desvios e dos sofrimentos que colhi, posso dizer-lhe é que toda iniciativa que nos afasta dos deveres complica o destino. Há em princípio prazeres e deslumbramentos, mas, invariavelmente, sucedidos por frustrações e desenganos...

Pouco depois Osório despediu-se, deixando o amigo pensativo, mergulhado em graves reflexões.

AGOSTO

Luísa cumpria o ritual de regar as plantas no jardim quando observou Osório que se aproximava.

Recebeu-o com acolhedor sorriso.

— Tenho conversado com seu querido. — disse ele, à guisa de saudação.

— Qual deles?

— Seu príncipe encantado.

— Por outra...

— Bem, talvez se desencante agora que está tomando contato com a Doutrina Espírita.

— Está lendo o livro que lhe deu?

— Com grande interesse, e já tem dúvidas a respeito de sua própria situação. Quer saber se Júlia é seu destino ou seu desatino...

— Também guardo as minhas... Desde o início você falou que há em nossa família a influência de Espíritos. Não sei quanto a Carlos, mas aqui em casa as coisas estão mais ou menos nos eixos. Marli não teve mais crises nervosas. Eduardo está acomodado. Não posso dizer que estou plenamente feliz. Guardo marcas muito profundas, mas sinto-me bem disposta, as ideias mais claras, o coração tranquilo. Podemos dizer, então, que os Espíritos foram afastados?

— Talvez. Mas essa ideia de que ficamos mal quando surgem obsessores e ficamos bem quando vão embora, não exprime a realidade. Sempre há Espíritos junto de nós, bons e maus, bem ou mal-intencionados. Quando os maus se propõem a assediar alguém não é fácil convencê-los a mudar o comportamento e os benfeitores espirituais jamais usam de violência. Então, eu não diria que foram afastados.

— Nós nos afastamos deles, mudando a sintonia...

— Perfeito! Você está assimilando muito bem o conhecimento espírita.

— Mérito do professor, que é competente!

— Mérito da aluna, que é aplicada!

Sorriram ambos empolgados por mútua admiração, enquanto Osório continuava:

— No caso específico de Marli, que algumas vezes transmitiu, à revelia, a manifestação de uma dessas entidades, ela simplesmente aprendeu a defender-se. Se temos sensibilidade, somos facilmente envolvidos por Espíritos perturbados

O VASO DE PORCELANA

e perturbadores, até que aprendamos a disciplinar nossas faculdades. Então passamos a controlar o processo.

— Quanto ao envolvimento passional de Carlos, foi provocado por esses Espíritos?

— Provocado não é o termo correto. Eu diria estimulado. Os Espíritos que desejam sua desdita por certo o acompanharam durante meses, estudaram suas reações, sua maneira de ser. Constataram a possibilidade de um envolvimento passional e perceberam que se sentiu atraído pela beleza de Júlia. A partir daí, aproveitando os contatos profissionais, trabalharam a mente de ambos com ideias lascivas, sugerindo pensamentos relacionados com o possível envolvimento amoroso.

— O que vai acontecer daqui para frente?

— Bem, já percebi que ele não está feliz. O envolvimento da sedução pode ser um grande atrativo por algum tempo, mas não é combustível suficiente para manter aquecido o relacionamento afetivo. Acabará cansando, sentindo-se colhido numa armadilha.

— De certa forma isso acontece com todos os casais. Passada a paixão, vem a rotina, o tédio, a desarmonia...

— Sem afinidade fica difícil.

— Raros casais a possuem...

— Sim, se pensarmos em afinidade espiritual profunda, mesmo porque o homem e a mulher são diferentes, tanto na biologia, quanto na psicologia. Mas os cônjuges podem desenvolver aconchegante entendimento como quem cultiva flores num jardim, dispondo-se a concessões mútuas, no sentido de fazerem algo juntos, de olharem ambos na mesma direção, no mesmo empenho de trabalhar, de servir o semelhante, de cuidar de filhos...

Luísa poderia ficar horas ouvindo Osório, admirando-se do vasto potencial daquele homem simples, sem títulos universitários, sem destaque social, mas que conhecia profundamente a alma humana.

Nunca se cansaria de agradecer a Deus por aquela convivência preciosa que dava um novo sentido à sua vida.

***

Convocada por Luísa, reuniu-se a família.

Na ampla sala de visitas acomodavam-se Osório, Eduardo, Jonas, Cíntia, Rogério, Marli, Luiz e Alice.

— Meus queridos, — começou a dona da casa — solicitei a presença de todos atendendo a um apelo de nosso Osório, que tem uma sugestão para nós.

Sorridente como sempre, Osório explicou:

— Bem, não quero solenizar, mas devo dizer que não vejo em vocês simples amigos. Sinto-me diante de familiares muito queridos. Eu que sou um solitário, desfrutei a bênção de um lar durante estes meses. Tem sido ótimo e jamais serei suficientemente agradecido pelo muito que lhes devo. Agora que se aproxima o dia em que devo deixá-los...

— Dá licença de um aparte? — interrompeu Marli.

— Fale, meu bem.

— Vamos corrigir esse "devo deixá-los". E o senhor não deve nada. Pelo contrário. Nós é que lhe devemos muito e gostaríamos de pagar, em parte pelo menos. Que tal se ficasse aqui para sempre? Um burburinho de aprovação percorreu a sala.

Todos desejavam a presença daquele divisor de águas, aquele velhinho bem-humorado e generoso que os iniciara na difícil arte de viver.

Emocionado, Osório não conseguia falar.

Luísa o abraçou, carinhosa:

— Quem cala consente. Sua emoção diz que sente deixar-nos. Então, por favor, Osório, fique. Queremos tê-lo conosco. Eu, particularmente, vejo em você o pai que nunca tive...

As palavras de Luísa pareciam intensificar sua emoção. Lágrimas brotaram em seus olhos.

Contendo-se, balbuciou:

— Desculpem. Choro de alegria. É bom sentir que gostam de mim. Muito bom! Mas deverei partir. Meus amigos espirituais já me informaram que não me resta muito tempo na Terra. Afinal, na minha idade posso até dizer que já estou devendo tempo para Deus... E há ainda algumas providências que devo tomar. Como disse Luísa, tenho uma proposta a fazer, relacionada com o nascimento de Jesus.

— Não apreciamos o Natal aqui em casa. É muito triste — comentou Eduardo.

— Realmente, — concordou Luiz — as festas natalinas não primam por legítima religiosidade. Há muito de mundanismo.

Luísa foi mais radical:

— Às vezes desejaria que não houvesse Natal, que o dia vinte e cinco de dezembro fosse suprimido do calendário...

— Muita gene pensa assim. — concordou Osório — É que as pessoas não compreendem que festejar o Natal não é comer, beber, cometer excessos. O Natal deve ser a evocação do mais importante episódio da história humana. Quando os anjos proclamaram em cântico "Glória a Deus nas alturas, paz na Terra aos homens de boa vontade", não estavam simplesmente entoando celeste canção para deleite dos maravilhados pastores de Belém. Enunciavam o roteiro divino para a construção de um mundo melhor, onde impere a paz, tempero indispensável para a felicidade...

— Desculpe minha ignorância, — interrompeu Marli — mas não sei definir exatamente o significado da expressão boa vontade.

— Você não está sozinha, minha filha. Todos temos problemas com as palavras. Em sua expressão mais simples eu diria que boa vontade é a vontade de ser bom.

— Costuma-se dizer que o inferno está cheio de pessoas bem intencionadas. — comentou Luiz.

— Exatamente. O problema é que temos boa vontade em relação a nós mesmos, até quando nos comprometemos em vícios que nos fazem muito mal, mas nem sempre nos dispomos a exercitá-la quando se trata dos outros. A ótica de nossa existência centraliza-se em nosso ego. Por isso temos pouca disposição para consolar o aflito, alimentar o faminto, socorrer o necessitado, amparar o doente, orientar o ignorante, iniciativas que representam o exercício da boa vontade sob a ótica cristã. Conseguimos conviver com as carências alheias, sem nos importarmos com elas, como se não nos dissessem respeito.

Marli tocou o braço de Osório.

— Essa tendência das pessoas viverem suas vidas, buscando o melhor para si mesmas "e o resto que se dane" sempre me incomodou...

— É a marca maior do egoísmo humano. Ao nascer numa estrebaria, Jesus, que poderia ser filho de rei procurou demonstrar a necessidade de nos despojarmos de ambições e vaidades, sem o que jamais teremos disposição e desprendimento para exercitar a bondade, que se exprime no empenho de servir. Então a proposta que faço a todos é muito simples: Reverenciemos Jesus nesse dia da forma mais autêntica — ajudando nossos irmãos.

Osório fez pequena pausa e, após observar o interesse e a expectativa dos presentes, continuou:

— Desde agora, mobilizemos recursos financeiros para compra de roupas, brinquedos, gêneros alimentícios e outras utilidades, que distribuiremos numa favela, na véspera de Natal, à tarde. Prepararemos as cestas pela manhã. À noite teremos singela ceia de confraternização, agradecendo a Jesus pelas bênçãos do Evangelho.

A ideia foi recebida com entusiasmo.

Não constituía novidade.

Todos sabiam que assim deve ser comemorado o nascimento de Jesus.

Faltava-lhes apenas a iniciativa, alguém que os liderasse, que os ajudasse a reencontrar o espírito do Natal.

Várias sugestões foram feitas, com o objetivo de angariar maiores recursos. Outros familiares e amigos seriam convidados. Preparariam um verdadeiro mutirão da fraternidade.

Osório sorriu, feliz.

Com a proteção dos amigos espirituais seu trabalho estava chegando ao fim.

Partiria tranquilo.

Restavam alguns acertos, particularmente com Luísa.

***

As conversas com Osório e as leituras que lhe recomendava estavam mexendo com Carlos.

Sabia agora que há um plano, um caminho para a existência humana, envolvendo profissão, condição social, saúde, família...

Entendia que os rumos são passíveis de modificação.

Após uma falência matrimonial casais separados poderiam refazer suas existências, assumindo novos compromissos.

A misericórdia divina não deixaria ninguém ao desamparo.

No entanto, impossível enquadrar Júlia como caminho alternativo em virtude de um fracasso matrimonial, mesmo porque isso não ocorrera. Seu casamento era muito bom e dera certo desde o início.

Osório tinha razão.

Júlia era apenas um desvio.

Não podia culpá-la. Afinal, não o obrigara a nada. Mulher liberada, acenara-lhe com uma aventura. E ele se deixara envolver, recusando-se a refletir sobre a inconveniência daquela relação extraconjugal.

Vacilava, desconsolado, entre a atração e a repulsão que tomava corpo em sua alma. Começa a sentir rejeição por Júlia.

Mesmo nos tempos mais ardentes, nos primeiros contatos, experimentava dúbia sensação.

Adorava aquela mulher, no sentido passional do termo, em incontido desejo de comunhão carnal.

Ao mesmo tempo não gostava dela, de suas futilidades, de sua imaturidade, tudo isso encarado com bonomia a princípio, mas que o incomodava cada vez mais, à medida que arrefecia a paixão.

Júlia percebia que o companheiro se distanciava.

A princípio o acariciava, usando sua beleza para atraí-lo.

Ante o fracasso de suas arremetidas, agora recebidas com enfado, punha-se irritadiça e agressiva.

— Velho miserável! Faço tudo para agradá-lo, sacrifiquei minha juventude, minha vida para morar com você! É isso o que recebo em troca?!

— Calma, Júlia. Não pretendo iniciar nenhuma discussão... Apenas estou um pouco cansado. Por favor, deixe-me em paz.

— Vá para o inferno — gritava a inconsequente jovem, não raro partindo para a agressão, obrigando o companheiro a malabarismos para esquivar-se sem revidar.

***

— Doutora Luísa, o senhor Carlos está aqui.

A broca odontológica tremeu nas mãos da dentista. Por pouco não feria os lábios da paciente na cadeira. O coração agitou-se no peito.

— Está bem. Diga que o atenderei em minutos.

Pouco depois saia a cliente; entrava o homem de sua vida.

Parecia bem, impecavelmente vestido, sorridente e gentil, como sempre.

Não obstante, após tantos anos de convivência conhecia o marido suficientemente para saber que não estava bem.

— Oi, Carlos — disse, tentando disfarçar a emoção, ao mesmo tempo que lhe estendia a mão.

— Oi, Luísa! — respondeu animado, retendo-a entre as suas.

Ela o encarava sorridente.

— Então, a que devo a honra de sua visita? Algum problema dentário?

Desajeitado, ele recolheu as mãos e respondeu:

— Até que estou precisando de uma vistoria. Você é minha dentista preferida, mas julguei que talvez não resistisse à ideia de enfiar-me a broca, goela abaixo...

— Tentadora sugestão. Parece-me, todavia, que não seria razoável agredir o pai de meus filhos.

— Razões não lhe faltam...

— Talvez o fizesse há alguns meses, mas já passou.

— Não tem raiva?

— Por que haveria de ter? Sinto-me muito bem, tranquila e sem ressentimentos.

— E as crianças?

— Estão ótimas. Desde que Osório veio morar conosco coisas incríveis aconteceram. O Eduardo superou o trauma de ter sido deixado pela namorada. Marli, que andava angustiada e nervosa, retomou sua personalidade alegre e comunicativa. Isto sem falar no resto da família, que vem recebendo uma influência decisiva e renovadora desse velhinho adorável!

— Tenho conversado com ele. É um homem bom...

— Não apenas isso, Carlos. É, sobretudo, um homem sábio, com uma cultura espírita invejável. Tem explicação para tudo, orientação para todas as situações, com uma presença marcante que nos inspira muita segurança.

— Está feliz?

— Como ensina Osório, guardo hoje a felicidade de entender o que Deus espera de mim.

Carlos mediu bem as palavras e perguntou reticente:

— E a vida sentimental?...

— Coração tranquilo. Estou em paz comigo mesma. É o que importa.

— Fico feliz...

Carlos tentava disfarçar o próprio embaraço.

A conversa prosseguiu por alguns minutos, sem engrenar confidências.

Carlos desejava abrir seu coração.

Dizer que sentia muitas saudades; que gostaria de estabelecer contato mais frequente...

Mas não se sentia animado.

A esposa parecia ter superado plenamente o problema da separação. Ele já não fazia parte de sua vida.

Pouco depois despedia-se, levando uma grande frustração.

Luísa quedou-se, ensimesmada.

Percebia que o marido desejava uma reaproximação, mas não lhe dera chance...

***

Carlos deparou-se com Júlia, à saída do consultório.

— Posso saber o que está fazendo aqui?

— Ora, Júlia, não tenho que lhe dar satisfação de meus atos. Além do mais, idêntica pergunta posso lhe formular. Está me vigiando?

— Tenho o direito de saber por que você procurou a coroa.

Ela começava a perder o controle.

Carlos, que se horrorizava ante a perspectiva de um escândalo, tomou-a pelo braço e a conduziu ao automóvel ali perto, pedindo-lhe que se acalmasse.

Júlia debulhou-se em lágrimas...

— Não sei por que você faz isso comigo. Não pretendo dividi-lo com ninguém!

— Mas, Júlia, não tenho nenhuma vocação para a bigamia. Você deveria saber disso. Para morar com você renunciei a uma família muito bem constituída.

— E se arrependeu...

O silêncio de Carlos lhe pareceu a mais eloquente resposta.

Júlia mordeu os lábios.

O miserável está pensando em deixar-me! Não permitirei isso jamais! Prefiro vê-lo morto!

Com a lógica arrevesada dos egoístas consumados, sentia-se dona daquele homem quase sessentão, mas dotado de um charme irresistível...

Não o perderia por nada deste mundo.

Buscando amenizar a tensão, acariciou seu pescoço, adoçando a voz:

— Desculpe, não quero briga. Foi apenas um impulso... É que gosto muito de você.

A vocação sedutora de Júlia já não o afetava.

Talvez Luísa não o recebesse de volta, mas uma coisa era certa: não havia mais clima entre eles. Fora um equívoco, uma ilusão que passara. Tudo o que queria agora era afastar-se... Não obstante, conhecia seu gênio, sua agressividade. Era preciso cuidado...

Medindo bem as palavras, falou:

— Estamos tensos ultimamente. A vida em comum foi muito boa a princípio, mas já não nos entendemos. Pertencemos a gerações e interesses diferentes... Você precisa de alguém que lhe dê mais atenção, que valorize sua companhia.

— Não faz mal, querido. É você que eu quero, apesar de todas as diferenças...

Carlos calou-se. Sua melifluidade, o ar desamparado, o desarmavam.

Mas a decisão estava tomada.

Não sabia quando, mas deixaria Júlia.

***

Como de hábito, Luísa foi ter com Osório no jardim, após o jantar.

— Carlos esteve no consultório.

Ele abriu um largo sorriso.

— Então, quando volta para casa?

— Não vejo possibilidade. Não quero...

— Mas emocionou-se com sua presença.

— Ah! Osório! Você é terrível!...

— Já lhe falei que há uma ligação muito forte entre ambos. A experiência extraconjugal foi um desvio de rota. Vocês vieram para viver juntos.

— Acredito que ele esteja pensando numa reconciliação. Mas não me parece boa ideia. Reconheço que ainda sinto amor por Carlos. Como você diz, vem do passado. Mas o encanto se foi... Imagino nossa ligação como um delicado vaso de porcelana que caiu e quebrou. Podemos repará-lo, usar uma cola eficiente, mas nunca mais será o mesmo. Ficarão marcas visíveis. Um vaso remendado...

— Entendo suas ponderações, minha filha. Acontece que não estamos lidando com um objeto. Falamos de sentimentos. Há colas mágicas que se chamam amor, compreensão, perdão, capazes de restaurar plenamente o coração despedaçado, sem deixar vestígios.

— Devo considerar a possibilidade de uma reconciliação...

— Você sabe que no fundo é o que mais deseja. Sua rejeição de hoje é uma forma inconsciente de castigá-lo, fazendo-se de difícil...

Luísa sorriu.

— Decididamente você é um bruxo! Nada lhe escapa!

E o abraçou, beijando-lhe as faces encovadas.

Osório pigarreou, emocionado.

SETEMBRO

Eduardo deixava o colégio quando topou com Vanessa.

— Podemos conversar?

Contemplou a jovem que se apresentava radiante, elegante como sempre, linda como nunca.

Não obstante, não sentiu nenhuma emoção, nada da empolgação que o consumia outrora.

— Desculpe, Vanessa, tenho um compromisso.

— Por favor, será apenas alguns minutos.

— Está bem.

Pouco depois os dois jovens sentavam-se em discreta mesa, numa lanchonete.

Vanessa tomou as mãos de Eduardo.

— Estou muito arrependida. Sei que sou culpada de nosso rompimento. Mas, por favor, entenda. Eu estava insegura. Não sabia da natureza exata de meus sentimentos... Agora sinto que você é importante para mim.

Eduardo a contemplou por alguns momentos.

Há algumas semanas aquela seria a notícia mais feliz de sua vida.

Agora apenas o deixava constrangido.

— Sinto muito, Vanessa, mas não será possível.

— Outra namorada?

— Não é isso... Quando começamos eu tinha a impressão de fôramos feitos um para o outro. Eu a amava loucamente. Não pensava em outra coisa. Quando você esfriou, como se escapasse por meus dedos, sofri muito. Talvez não querendo magoar-me com o rompimento, fez algo muito pior. Torturou-me com progressiva indiferença, a demonstrar claramente que nosso romance não significava absolutamente nada. Foi muito difícil. Não pretendo passar por nova experiência desse tipo.

— Mas eu o amo!

— Está enganada. Se amasse não seria tão determinada ao provocar nosso rompimento. Na verdade foi bom para mim. Acabei percebendo que vivera apenas uma ilusão.

— Por favor, Eduardo, vamos tentar de novo... reacender a chama. Reviver o clima...

— Não dá mais, Vanessa.

O diálogo prosseguiu infrutífero.

A jovem apegava-se às lembranças, apelava para o sentimentalismo, mas Eduardo mostrou-se irredutível.

Não era nenhuma vingança.

Apenas ouvia o próprio coração a dizer-lhe que ela não morava mais ali.

Ao partir, apressado, sentia-se liberto de um fardo de amarguras.

Haveria, sim, saudade e alguma tristeza.

Nada intimamente relacionado a Vanessa.

Apenas a nostalgia de um tempo bom, em que se sentia amando e amado.

Saudade do amor, não da amada.

Mas encontraria novo afeto, sincero, leal, duradouro...

Alguém, como dizia Osório, que fizesse parte de seu caminho.

**

Júlia percebia claramente que estava perdendo Carlos.

Já não conseguia acender nele o fogo da paixão, por mais que se esmerasse em seduzi-lo.

Revoltava-se. Brigava. Usava pejorativos para insultá-lo.

Acabava irritando-se consigo mesma por envolver-se com aquele "coroa senil" que se atrevia a menosprezá-la.

Desejava sumir, cuidar da vida, pensar em alguém que valorizasse sua juventude e beleza.

Mas, voluntariosa e egoísta, era facilmente manipulada por obsessores que lhe exploravam o amor-próprio ferido.

Sustentava-se naquela incômoda situação com todas suas forças e quanto mais evidentes os sinais que o companheiro emitia, sugerindo separação, mais se apegava.

Com os contatos que vinha mantendo com Osório e as leituras espíritas Carlos deixara a faixa dos envolvimentos espirituais inferiores, situando-se mais receptivo à inspiração de benfeitores que o assistiam.

Esvaziava-se o enlevo daquela situação artificial sustentada pela atração física, à medida que voltavam a prevalecer nele o bom senso e a sobriedade que lhe marcavam o comportamento.

O desfecho acabou acontecendo, marcado por graves acontecimentos.

Carlos regressara bem tarde, perto da meia-noite.

Deixara-se ficar no escritório, não tanto por premência do serviço, muito mais porque desejava evitar a companheira.

Ela o recebeu irritada:

— Esteve com sua querida? Ou foram os filhinhos?

— Não, Júlia. — respondeu, voz cansada, indisfarçável enfado — Estava trabalhando.

— Não podia telefonar?

— Desculpe, não me ocorreu.

— Quando se trata de mim, nunca lhe ocorre nada mesmo... Você não passa de um cretino, mau-caráter.

Júlia se descontrolava.

Gritava a plenos pulmões.

Tivesse Carlos o dom da vidência e a enxergaria envolvida por Espíritos que a manipulavam valendo-se de sua instabilidade.

— Por favor, Júlia, não comece...

— Não vou começar nada. Pelo contrário. É chegado o tempo de terminar. Mas não pense que sairá barato. Você vai daqui para o cemitério, seu miserável!

Incontinenti, Júlia apanhou uma espátula metálica. Antes que Carlos pudesse esboçar qualquer defesa, atingiu-lhe o abdome.

Ele caiu, esvaindo-se em sangue.

Júlia, desvairada, largou a espátula.

Foi até a garagem, tomou o automóvel e saiu cantando pneus.

Poucas quadras adiante cruzou um sinal fechado e provocou violenta colisão.

Projetada para fora do veículo, esparramou-se inconsciente na calçada.

Em breves minutos a ambulância a conduzia ao hospital com as pernas quebradas e várias escoriações.

***

Osório não conseguia dormir.

Olhou o relógio.

Quase meia-noite.

Estranha agitação o possuía, a sensação de que algo de muito grave estava acontecendo.

Orou, buscando assistência espiritual.

Viu Carmino junto de si, a dizer-lhe imperioso:

— Vá imediatamente à casa de Carlos. Ele corre perigo de vida.

Osório vestiu-se.

Deixou silenciosamente a residência e ganhou a avenida.

Caminhou rápido duas quadras e chegou a movimentada avenida..

Em poucos momentos tomava um táxi. Forneceu o endereço que copiara na agenda telefônica e pediu pressa ao motorista.

O carro voava pelas ruas desertas.

Diante da casa observou luzes acesas.

Tocou a campainha. Ninguém atendeu.

A porta principal estava apenas encostada.

Entrou.

Na ampla sala de visitas, viu Carlos caído no solo ao lado de uma poça de sangue. Rápido, examinou o ferido e verificou que estava vivo.

Não havia ninguém na residência.

Ganhou o telefone, discou emergência, pediu o concurso da polícia.

Em alguns minutos chegou o socorro.

Carlos foi levado ao hospital e imediatamente conduzido à sala de cirurgia.

Após duas horas o médico informou que o pior passara.

O paciente tivera o estômago perfurado, perdera bastante sangue, mas recuperava-se.

A intervenção de Osório fora providencial.

Difícil foi explicar aos policiais sua presença. Imaginava como reagiriam à notícia de que um Espírito o orientara.

Mas não houve maiores problemas.

Único hospital nas imediações, Júlia também ali fora internada. Buscando furtar-se à sua responsabilidade dissera que saíra a procura de socorro após ferir acidentalmente o companheiro.

O VASO DE PORCELANA

Osório, que procurara preservar o descanso dos Manfrinis, telefonou pela manhã.

Luísa atendeu prontamente.

— Bom dia, Luísa.

— O que houve, Osório? Fiquei preocupada com sua ausência, tão cedo. Algum problema?

— Foi com o Carlos. Um acidente. Mas está bem. Não se assuste...

— Meu Deus! Como foi isso?

— É melhor você vir até aqui.

Luísa anotou o endereço e chamou os filhos.

Pouco depois partiam, apreensivos, cheios de interrogações.

Ao chegarem ao hospital encontram Jonas e Luiz, igualmente avisados.

Osório procurou tranquilizá-los.

— O pior já passou. O médico informou que Carlos está fora de perigo.

— Como se feriu? — perguntou Luísa.

— Foi Júlia. Tiveram um desentendimento .

Marli não se conteve.

— Miserável, vagabunda! Além de nos roubar o pai ainda   tentou matá-lo!

Osório percebeu que o ambiente se conturbava, o que era péssimo para o paciente.

— Cuidado, minha filha. Não use pejorativos. Júlia é apenas uma irmã nossa transviada. E não é o momento para críticas. Carlos precisa de nossas boas vibrações. Isso será impossível se não conservarmos a serenidade.

A jovem conteve-se.

— Desculpe, Osório. É que fiquei revoltada.

— Eu entendo. É lícito nos indignarmos com o mal. Forçoso, entretanto, vigiar nossas reações. Entre a indignação e o descontrole há um passo apenas. E gente descontrolada não ajuda em nada. Só atrapalha.

Envergonhada, Marli silenciou.

— Onde está papai agora? — perguntou Eduardo.

— Na unidade de terapia intensiva. Logo irá para o quarto.

— Irei até lá. — adiantou Luísa — Quero estar perto quando chegar.

O filhos a acompanharam.

Luís acomodou-se com Osório em uma poltrona, nas imediações da UTI.

Algo o intrigava.

— Posso fazer-lhe uma pergunta?

— Pois não, Luiz. Se souber responder...

— Como foi parar na casa de Carlos, em horário tão tardio, salvando-lhe a vida?

Osório sorriu.

— A polícia chegou a suspeitar de mim por causa disso. Mas a resposta é muito simples. Meu mentor espiritual alertou-me.

— Incrível! Estou começando admitir que você tem, realmente, espantosas faculdades.

— Nada disso, Luiz. Apenas venho tentando apurar minha sensibilidade cultivando valores espirituais. O homem comum não sabe de suas potencialidades psíquicas. Se as disciplinasse verificaria que a espiritualidade procura sempre nos inspirar nos momentos difíceis.

— Quem me dera desenvolver tal sensibilidade...

— Pode não ser tão interessante. Como já lhe disse, em sua profissão você lida com casos complexos que envolvem muitos interesses, do plano físico e da Espiritualidade. São Espíritos encarnados e desencarnados dominados por perturbações e desajustes. Se o seu campo espiritual estivesse muito aberto, talvez você não resistisse à pressão espiritual inferior.

— Mas, não obstante os problemas que você alega, não seria importante que magistrados e promotores pudessem colher a inspiração dos sábios da espiritualidade, de maneira a exercitar com plena justiça seus mandatos?

— Não apenas eles, mas todos os profissionais cuja atuação está relacionada com o bem-estar das pessoas. Médicos, professores, sociólogos, psicólogos, políticos, muita gente... Mas o problema aqui não é de sensibilidade, mas de sintonia. Raros cultivam a oração e a reflexão evangélica habilitando-se a um contato com os benfeitores espirituais na intimidade da própria consciência.

— Reflexão evangélica?

— Sim. Seria refletir sobre os assuntos com os quais nos envolvemos usando o Evangelho por parâmetro, perguntando a nós mesmos: *o que faria Jesus?*

— É uma ideia poderosa. Colocar Jesus em nosso lugar, buscando imaginar como agiria nas situações que enfrentamos. — Por exemplo: o que faria Jesus com Júlia?

— Perdoaria?

— Mais que isso. Buscaria ajudá-la. Ela também é uma vítima, de suas próprias fraquezas.

— Acha que devemos vê-la?

— Sem dúvida. Vamos até lá.

***

A mãe da paciente recebeu os visitantes.

— Eu sou amigo de Carlos. — adiantou-se Osório — Luiz é seu cunhado.

— Entrem, por favor. Minha filha está descansando.

Expressão sofrida, rosto com hematomas, braços enfaixados e pernas tracionadas, Júlia olhou assustada para Luiz.

Este sorriu, buscando tranquilizá-la.

— Não é o promotor quem está aqui, Júlia. Apenas trouxe um amigo que a livrou de cometer um assassinato. Osório socorreu Carlos, evitando que se esvaísse em sangue.

Júlia surpreendeu-se.

— Como foi parar em minha casa?

— É uma história para contar noutro dia, minha filha. Estou aqui para outra missão. Oferecer-lhe ajuda.

— É advogado?

Luiz adiantou-se:

— Não se preocupe quanto a isso. Estou certo de que Carlos não tem nenhum interesse em prejudicá-la. Conversarei com ele. Evitaremos uma situação mais complicada. A ocorrência será registrada como acidente.

Pouco depois Luiz saia.

Osório permaneceu com Júlia e sua mãe, conquistando-as com a palavra esclarecedora e as vibrações amorosas de um coração sintonizado com a dinâmica do Evangelho.

***

Carlos abriu devagar os olhos.

Sentia-se atordoado, com leve dor no ventre.

Mãos suaves acariciavam seu rosto.

Lembrou-se de Júlia a agredi-lo.

Estaria morto?

Seriam de algum anjo aquelas mãos suaves que o acariciavam?

— Então, como está Carlos?

Voz inconfundível.

Melhor que anjo, era Luísa.

Sorriu, quase feliz:

— Perto de você estou bem... Como vim parar aqui?

— Osório o encontrou em sua casa, junto a uma poça de sangue. Salvou-lhe a vida!

— Foi Júlia... atacou-me porque queria deixá-la. Mas como Osório teve a ideia de procurar-me tão tarde da noite?

— Coisas dele. Parece que advinha tudo.

Pouco depois entravam Jonas, Eduardo e Marli.

A filha, chorosa tomou-lhe a mão.

— Que susto você nos deu, paizinho...

— Tudo bem, filha. O pior já passou.

— Quando o levaremos para casa?

Marli olhava para a mãe.

Luísa sorriu. Não havia por que relutar. Era o que sempre desejara.

O VASO DE PORCELANA

— Logo, logo, minha filha. Mais alguns dias e papai estará conosco.

Emocionado, Carlos experimentava um misto de alegria e tristeza, que não saberia definir com exatidão.

Alegria porque não era rejeitado pela família, porque a esposa estava disposta a acolhê-lo. Em que nível, não sabia, talvez para ser-lhe um irmão. Imaginava quanto se sentira magoada com sua traição...

E a tristeza nascia justamente da consciência disso. Como pudera deixar aquele tesouro familiar, a convivência feliz, por uma aventura?

Tudo o que Carlos podia fazer agora era chorar, enquanto os familiares, enternecidos, o contemplavam, ansiosos por acolhê-lo, sob inspiração de abençoada afetividade.

***

O carro estacionou na garagem dos Manfrinis.

Vacilante, amparado por Luísa e Eduardo, Carlos desceu.

Contemplando o jardim, pediu para sentar-se debaixo das frondosas árvores.

Discretamente Eduardo e Osório afastaram-se, deixando o casal a sós.

Carlos, sensibilizado, chorava discretamente.

Contemplando as roseiras, repetiu baixinho:

Falem melhor as rosas
Do que este frágil verso,
Meu amor por você
É maior que o Universo.

Carlos tomou as mãos da esposa entre as suas e falou, comovido:

— Luísa, não sei o que dizer... Sou-lhe muito grato por todo o carinho que me vem dispensando. Agradeço a Deus os filhos que tenho, mas gostaria que tudo não fosse um mero ato de misericórdia. Sei que muito os fiz sofrer, mas seria tão bom se pudéssemos recomeçar... apagar de nossas vidas estes dois anos.

— Quanto aos filhos, não se preocupe. É o que mais desejam. Nunca se conformaram com seu afastamento.

— E quanto a você?

— Tudo bem. Sempre haverá um lugar em nossa casa. É a sua casa...

— Quero saber o mais importante. Ainda sobra espaço em seu coração?

— Está tomado.

Carlos aturdiu-se.

— Há alguém?

— Sim...

— Conheço?

— Muito.

— Quem é?

— Tolinho, é você!

Carlos abraçou-se à esposa, beijando-a carinhoso...

As lágrimas de ambos misturavam-se, mas eram vertidas por motivações diferentes.

Nele, o arrependimento de ter deixado a esposa.

Nela, a felicidade de ter o marido de volta.

Fitando-o, enternecida, lembrou-se de seu adorável conselheiro espiritual:

— Osório, Osório, como você estava certo! O vaso de porcelana vai se consolidando. Não ficarão marcas! Estaremos mais unidos que nunca!

Recompondo-se, Carlos falou, hesitante:

— Há algo que preciso dizer-lhe.

— Fale, meu querido.

— Desde logo, quando a deixei, senti que não valia a pena, que estava cometendo um erro terrível. No entanto, havia uma empolgação, um envolvimento que me atraia irresistivelmente. Quando me dei conta estava longe de vocês, mas nunca fui feliz...

— Se você me tivesse falado sobre isso há algum tempo eu não aceitaria. Mas agora estou mais consciente de que nossos problemas podem ocorrer envolvendo a influência de Espíritos que nos agridem, explorando nossas fraquezas...

— Osório...

— Sim. O velhinho tem sido bênção de Deus em nossas vidas. Não fosse por sua orientação eu jamais cogitaria de uma reconciliação. Ele me fez sentir que a intransigência é má conselheira.

— Como Osório veio parar em nossa casa?

— É meio estranho. Tio Isaltino o enviou com a recomendação de que o acolhêssemos por algum tempo, pois tinha assuntos a tratar em São Paulo. Não sei bem o que é, mas tenho a curiosa impressão de que o assunto é a nossa família. Penso que um anjo de guarda baixou em nossa casa para nos ajudar.

— Vamos segurá-lo para sempre...

— Eu adoraria, mas ele tem afirmado que partirá em breve e diz de uma forma estranha como se não fosse voltar para Belo Horizonte, como quem está prestes a morrer.

— Voltará ao Céu, de onde veio para nos ajudar...

Luísa sorriu, mas sentia dorida apreensão quando pensava no assunto.

Não gostaria de ver Osório longe.

Não queria separar-se dele.

OUTUBRO

Assiduamente, durante vários dias, Osório esteve com Júlia, primeiro no Hospital, depois em casa de sua mãe, para onde se recolhera.

Aplicava-lhe passes magnéticos, conversava longamente, buscando acalmá-la.

Volúvel e rancorosa, a jovem não se conformava com o rumo dos acontecimentos, mas temia sanções da justiça em face da agressão que cometera.

Seus temores, aliados à imobilidade imposta pela fratura nas pernas abriam as portas ao entendimento com o Osório, incansável nas conversas, nas leituras que lhe fazia, procurando modificar suas disposições...

Um dia desabafou:

— Sinto muita revolta, um rancor profundo que me consome. No fundo ainda gostaria de agredir Carlos que me usou para saciar seus desejos de prazer...

Como toda pessoa comprometida em desatinos, Júlia era incapaz de reconhecer suas próprias culpas, preferindo justificar seus desvios com acusações indébitas.

Osório, sabiamente, não a contestava, preferindo concentrar seus esforços no empenho por modificar-lhe as disposições íntimas...

— Quem estará livre de enganos, minha filha? Jesus deixou bem claro isso na passagem da mulher adúltera, quando convidou, dentre seus acusadores, a atirar a primeira pedra aquele que estivesse livre de pecados. Diante da autoridade do Mestre, que conhecia o coração humano, ninguém se atreveu, porque ninguém ali estava isento de comprometimentos. Nossa revolta, nossa inconformação são frutos amargos do nosso distanciamento de Deus.

Júlia derramava-se em lagrimas.

Sua mãe, que bem a conhecia, admirava-se da capacidade de Osório em tocar a sensibilidade da filha voluntariosa e avessa aos valores espirituais.

Resistente a princípio, Júlia acabou por ceder aos seus argumentos fraternos. Cedeu, sobretudo, à espantosa força moral daquele homem que através de árduas disciplinas habilitara-se a refletir na Terra a luz do Cristo.

Embora estivesse muito longe de uma conversão autêntica aos valores espirituais, em face de sua imaturidade, Júlia acabou por compenetrar-se de que sua experiência com Carlos estava encerrada.

Cumpria-lhe cuidar da própria vida.

Para Osório já era um grande passo, evitando que Júlia se comprometesse em novas agressões e preservando os Manfrinis.

***

Carlos comparecia pela primeira vez ao Culto do Evangelho no Lar, com a participação, naquela noite, de Luísa, Osório, Benê, Eduardo, Marli e Luiz, Cíntia e Alice e Rogério.

Luísa lembrou que se aproximava o Natal e falou dos planos que nem todos conheciam.

Osório completou:

— É importante que estejamos juntos no Natal, recordando que a união em família é um dos objetivos da mensagem de Jesus. Os excessos, as dissipações e desperdícios cometidos no Natal correm por conta das imperfeições humanas. O homem ainda não aprendeu a reverenciar a memória do Cristo na sagrada comemoração e julga homenageá-lo com a matança de animais, bebidas e excessos...

Osório fez silêncio por alguns momentos, como que a esperar a assimilação de suas palavras, e continuou:

— Não obstante, para que valorizemos o Natal, lembrando que ele convida à fraternidade, faremos uma comemoração em duas partes. Na primeira, à tarde, percorreremos um bairro da periferia e distribuiremos a famílias previamente cadastradas uma cesta básica, da qual constarão brinquedos para as crianças. À noite confraternizaremos...

— Parece ótimo! — falou Luiz, entusiasmado — será a reunião da família humana para atender a família universal.

— Exatamente.

— E quantos lares atenderemos?

— Dependerá do que arrecadarmos. Sugiro que a partir do próximo ano abramos uma conta num banco, onde todos depositarão um valor, mensalmente, de conformidade com suas disponibilidades.

— A poupança da fraternidade — sugeriu Marli.

— Isso mesmo! Neste ano, como já estamos em outubro, faremos algo mais modesto.

Carlos, que também se entusiasmara com a iniciativa, propôs:

— Posso abrir amanhã a conta. Convidaremos outros familiares e poderemos, enfim, reunir a família num tarde de Natal para visitar a periferia e ajudar nossos irmãos...

A partir desse dia, os Manfrinis começaram a mobilizar recursos para a poupança da fraternidade, que resultaria em centenas de sacolas em favor de um Natal diferente para as famílias beneficiadas, mas, sobretudo, para eles próprios, que exercitariam a alegria de servir.

NOVEMBRO

Após o jantar Osório saiu para o jardim.

Contemplou enternecido Carlos e Luísa sentados no velho banco.

Ele desfolhava uma rosa, derramando as pétalas sobre a esposa, que sorria feliz.

Falou, solene:

Antigo e belo axioma
Nosso espírito embala:
"A rosa envolve em aroma
A mão que a despetala."

— Vejo que arranjei um concorrente. — falou Carlos sorridente

Osório sorriu.

— Quem me dera ser um trovador. Isso é para você, mestre no assunto, segundo Luísa. Apenas "cometi" uma trova mal-arrumada, de pés quebrados.

— A rosa que perfuma a mão que a agride evoca velho ditado: — lembrou Luísa — *Sê como o sândalo, que perfuma o machado que o derruba.*

— É isso mesmo, minha filha. Essa ideia, na verdade, é a essência do pensamento de Jesus. Retribuir ao mal com o bem é a mais vigorosa de todas as ações em favor de nossa paz. Além disso, não há agressor capaz de resistir por muito tempo à vítima que o perdoa. Reagir à violência com a violência atinge o agressor de fora para dentro, exacerbando sua agressividade. O perdão o atinge de dentro para fora e mais cedo ou mais tarde lhe imporá o despertar da própria consciência.

— Mas, se levarmos essa ideia às últimas consequências, não estaremos nos colocando à mercê dos maus?

— Sem dúvida e estimularíamos a desordem. Precisamos de organismos policiais, tanto quanto de tribunais e prisões, enquanto o Bem não se impuser na Terra. O que Jesus pretende é que não marginalizemos aquele que se compromete com o mal. É preciso ver nele um doente moral. E enfermos, como ensinava o mestre, sugerem a presença do médico, não do juiz. Ainda que cerceando sua liberdade, ele precisa de ajuda, de tratamento...

— Por falar nisso, — interveio Carlos — estamos conscientes agora de que havia Espíritos agindo com propósitos de vingança em nossa casa, mas nunca tivemos uma notícia mais clara, quanto as suas motivações, nem a respeito das providências tomadas pela Espiritualidade para afastá-los. Não seria importante conhecermos os antecedentes?

— Isso envolveria revelações quanto ao passado, que não seria conveniente, por hora, devassar. Poderíamos efetuar o levantamento de verdadeiras epopeias de vícios e maldades em que nos comprometemos, mas isso tenderia mais a reavivar ligações com a desordem e a perturbação do que promover nossa reforma. Deus agiu com muita sabedoria quando instituiu a bênção do esquecimento temporário na reencarnação, com renovadas oportunidades de superarmos paixões e fixações que determinaram nossos fracassos em existências pretéritas.

— Os obsessores foram doutrinados e afastados?

— Segundo notícias do nosso Leandro, do "Seara Cristã", vários deles decidiram modificar suas disposições. De qualquer forma isso não é tão importante quanto a mudança de atitude de toda a família. Disciplinando-se e partindo para o esforço do Bem vocês criaram condições para um apoio mais efetivo da Espiritualidade, capaz de neutralizar suas investidas.

— Final feliz — sorriu Luísa.

— Nossa destinação definitiva será fatalmente feliz, minha filha, ainda que envolva milênios. Alcançaremos um dia a comunhão plena com Deus, tornando-nos coparticipantes na obra da Criação. Mas, atendo-nos à experiência atual, podemos considerar que tudo vai terminando bem, sem, ações espetaculares, sem lances dramáticos que, afinal, cabem apenas nos romances folhetinescos.

Luísa interveio:

— A Doutrina Espírita é mesmo uma bênção de Deus em nossas vidas. Sinto-me mais segura, mais disposta a compreender as pessoas e enfrentar as atribulações...

— E de consolidar, sem marcas, os remendos do vaso, não é mesmo? — adiantou Osório, sorridente.

— Vaso? — perguntou Carlos.

Luísa sorriu.

— É um assunto nosso, querido. Um dia lhe falarei a respeito.

***

Marli acordou em sobressalto, com a nítida sensação de que havia algum problema.

Olhou o relógio: três horas.

Levantou-se.

Deixou o quarto.

Percebeu luz na cozinha, onde encontrou Osório sentado à mesa, expressão de dor...

— O que houve, Osório?

— Não foi nada, minha querida. Apenas um mal passageiro. Já tomei um comprimido.

— Mas está muito abatido...

— Não se preocupe.

Não era tão simples.

Osório, cabeça reclinada sobre a mesa, desfaleceu.

Aflita, Marli despertou a família.

Convocado o pronto-socorro, em breves momentos o ancião era levado para o hospital.

O médico informou:

— É grave. Sofreu uma trombose renal. O problema está sendo superado, mas os rins foram afetados. Terá que submeter-se a hemodiálise com prognóstico ruim, em virtude de sua idade. Dificilmente resistirá.

— Quanto tempo o senhor lhe daria?

— É difícil prever. Alguns dias ou semanas, talvez...

Luísa e os filhos choravam discretamente, coração opresso. Não podiam imaginar-se sem seu querido velhinho.

***

O VASO DE PORCELANA

Em breve Osório deixava a UTI e, já no quarto, após a primeira sessão de hemodiálise, receberia os amigos no apartamento providenciado por Carlos.

Embora debilitado, o enfermo revelava a serenidade de sempre, reagindo muito bem à hospitalização.

Humilde, submetia-se ao tratamento, enfrentando as rotinas da purificação sanguínea sem queixas.

Luísa não o abandonava.

Afastada do consultório, passava os dias a seu lado no hospital, como dedicada filha.

Sentia-se extremamente ligada aquele homem que tanto a influenciara, uma compensação de Deus para o fato de ter sido abandonada pelo genitor antes de nascer.

Numa tarde, ao final de forte dispnéia que o acometia com frequência cada vez maior, aproveitando a tranquilidade do ambiente e o fato de estarem a sós, Osório comentou:

— Luísa, sei que minhas horas estão contadas...

— Tanto quanto as minhas. Provavelmente terá ainda umas dez mil pela frente.

— Bem menos, minha filha, bem menos... E, antes que parta, é preciso um ajuste final. Quero falar-lhe de seu pai.

— Meu pai? Você o conheceu?

— Sim.

— E por que nunca me disse?

— Não chegara o momento.

— E por que agora é o momento?

— Porque, como lhe disse, não temos muito tempo.

Contemplando Luísa com infinita ternura, Osório murmurou, entre lágrimas:

— Seu pai, Luísa, sou eu...

— Meu Deus! Como é possível!

— É uma longa história, minha filha, de inconsequência e irresponsabilidade que caracterizaram minha mocidade. Tive um romance com sua mãe que significou muito para ela, mas para mim foi mera aventura. Quando tomei conhecimento de que estava grávida, fugi criminosamente.

Luísa o contemplava aturdida.

Sempre sentira que havia um mistério envolvendo Osório.

Jamais poderia imaginar que fosse algo relacionado com ela.

Após breve pausa, extremamente emocionado, o doente continuou:

— Nunca me casei. Sempre vivi de forma inconsequente, pendurando-me em empregos, em cidades variadas, alheio a qualquer associação familiar. Há perto de trinta anos aflorou minha mediunidade, que me impôs desajustes variados. Acabei num Centro Espírita. Ali fiz minha iniciação e, à medida que comecei a interessar-me pela Doutrina, sentia crescer em mim o remorso de ter abandonado sua mãe à própria sorte...

Osório fez longa pausa, exausto pelo esforço, mas reunindo todas suas forças, continuou:

— No ano passado o destino colocou-me em contato com Isaltino. Informou-me da morte de sua mãe, de seus problemas... Sabia que me restava pouco tempo. Assim, decidi que o mais importante a fazer era aproximar-me de você, pedir perdão e tentar reparar o mal que lhe causei...

Luísa estava perplexa.

O pai, de cuja existência preferia nunca cogitar para não odiá-lo, ali estava, transmudado num benfeitor inesquecível, um pai que nem em seus melhores devaneios poderia conceber.

Osório a olhava, num misto de ternura e apreensão.

Amava profundamente aquela filha que criminosamente abandonara um dia, mas temia justificável rejeição. Se ela o agredisse, se gritasse com ele, se o odiasse, saberia suportar. Era o preço do seu crime, e ela teria infinitas razões para isso...

A filha permanecia extática.

— Então, Luísa, perdoa-me?

Meu Deus! – pensava ela — *Perdoar de quê! Não foi ele quem me ensinou que as pessoas são mais frágeis do que más, que a ignorância é a mãe de muitos males? Não foi ele quem me fez conhecer a bênção da compreensão?... Como guardar mágoas desse velhinho abençoado que resolveu meus problemas, atendeu minha família, trouxe de volta meu marido!...*

Luísa prorrompeu em lágrimas, ao mesmo tempo que abraçava-se a Osório, repetindo baixinho, palavras que soavam como música divina em seus ouvidos.

— Papai, meu paizinho querido!...

***

A expectativa daquele entendimento com a filha fora o sustento de Osório.

A partir daquele momento, como alguém em paz com a consciência, que resolvera a derradeira pendência, era uma alma entregue a Deus, preparada para a grande transição.

Durante alguns dias Luísa acompanhou o progressivo enfraquecimento do pai, que mansamente iniciava o retorno a vida verdadeira.

Nas últimas horas, pediu a presença da família...

— Meus queridos... vivo os derradeiros momentos na carne. Carmino, meu guia espiritual, já me avisou que partirei esta noite. Peço-lhes que não se entristeçam. Não estou morrendo. Apenas deixo a residência carnal que começa a desabar.

É uma libertação. O corpo fica muito desconfortável à medida que envelhecemos. Retorno feliz, porque consegui reencontrar minha família. Quero velório simples, sem choro, sem mágoas. Saibam que em Espírito estarei sempre com vocês no esforço do Bem. Não me será possível colaborar fisicamente no preparo da cesta dos pobres, no Natal, mas acompanharei tudo em espírito. Não deixem de fazê-lo.

O esforço fora demais. A cabeça pendeu, inerte.

Por algumas horas Luísa e os familiares velaram, em oração, o velhinho querido.

Pela madrugada Osório expirava, sorriso tranquilo.

Regressava vitorioso à Espiritualidade.

DEZEMBRO

O dia fora de atividade intensa.

Os Manfrinis haviam percorrido dezenas de casas humildes, selecionadas para a distribuição da cesta básica de Natal.

Conforme uma orientação anterior de Osório, em cada uma delas havia um exemplar de **O Evangelho Segundo o Espiritismo**.

— Pão do corpo e pão do espírito. — fora sua recomendação.

Na última residência, reuniram-se no quintal humilde para a prece de agradecimento a Jesus.

Quase todas as famílias atendidas ali estavam.

Rogério pronunciou singela oração.

Em seguida leu e comentou pequeno trecho de **O Evangelho Segundo o Espiritismo**, ressaltando o significado da vinda de Jesus ao Mundo.

Luísa contemplava emocionada o neto.

Que transformação! abençoada Doutrina Espírita! Abençoado Osório!... E conjeturava:

Insondáveis caminhos do destino! Encontrei meu pai, aquele pai que tanto sonhei, em breve convivência, mas suficiente para inundar de ternura e afeto a minha existência...

Então, para surpresa de todos, Marli começou a falar, mansamente, com uma entonação inconfundível...

— Meus queridos! Aprouve ao Senhor conceder-me a felicidade de falar-lhes neste dia tão significativo, de múltiplas alegrias... A alegria da comemoração do nascimento de Jesus! A alegria de estar aqui com vocês... A alegria de vê-los no serviço do Bem, que nos integra na família universal...

Grande é a misericórdia divina que nos tem proporcionado infinitas oportunidades de renovação, nas lutas do Mundo...

Quando reencarnados, submetidos às limitações do corpo, dificilmente compreendemos que há uma finalidade para a jornada da Terra. Aqui, da Espiritualidade lamentamos o tempo perdido, as ilusões alimentadas, os erros cometidos...

E isso não ocorre por falta de orientação ou de proteção espiritual. Numa simples leitura do Evangelho temos o roteiro para a vida toda e quanto à proteção, jamais nos falta, por parte de generosos benfeitores espirituais, que procuram nos alertar quanto aos nossos deveres, preservando-nos a integridade.

O problema é que raramente lhes damos atenção, vivendo em função de nossos desejos e paixões.

Sinto-me muito feliz porque vocês começam a entender isso e estão dispostos a não perder tempo.

Estou longe de situar-me como um orientador espiritual, mas saibam, meus queridos, que estaremos sempre juntos nas tarefas do Bem...

Feliz Natal meus filhos! Deus os abençoe!

***

Pouco depois estavam de volta ao lar.

Eduardo dirigia um dos carros. Marli ao seu lado.

Luísa, abraçada ao marido, no banco traseiro, lembrou daquela manhã de ano-novo em que trouxera Eduardo do pronto-socorro.

Era tão ensolarada! No entanto, havia apenas sombras em meu coração.

Agora, embora a noite, há uma luz diferente.

É bem como papai ensinou:

O importante é cuidar bem dos sentimentos, exercitando as virtudes cristãs que transformam nosso

coração num dadivoso vaso de bênçãos feito de amor,
a inquebrantável porcelana de Deus.

Lá fora, com a disciplina de sempre, o sol fechava o dia.

No céu brilhavam as primeiras estrelas.

Centro Espírita Amor e Caridade
CEAC - Bauru - SP

Atividades Filantrópicas

- **Albergue Noturno**
  Serviço de Acolhimento Institucional para Adultos e
  Famílias - Casa de Passagem
  Rua Inconfidência, 7-18

- **Núcleo Parque das Nações - Projeto Crescer**
  Av. José Vicente Aiello, 8-20

- **Núcleo Jardim Ferraz - Projeto Crianças
  em Ação / Inclusão Produtiva**
  Rua Padre Donizete Tavares de Lima, 3-31

- **Núcleo Fortunato Rocha Lima**
  Projeto Girassol
  Rua João Prudente Sobrinho, nº 1-97

- **Creche Berçário - Nova Esperança**
  Rua Soldado Mario Rodrigues, 1-60

- **Núcleo Nova Esperança - Projeto Esperança**
Rua Soldado Mario Rodrigues, 1-60

- **Núcleo Vila São Paulo - Projeto Colmeia**
Rua Baltazar Batista, 3-74

- **Núcleo Ferradura Mirim - Projeto Seara de Luz**
Avenida Santa Beatriz da Silva, 6-16

- **Projeto Comini - Assistência a famílias de presidiários e/ou egressos do sistema penitenciário.**

- **Assistência a hospitais - Grupo Irmã Sheila**
Atendimento a hospitalizados e acompanhantes -
Casa de apoio.

- **Assistência fraternal a enfermos**
Serviços de fluidoterapia em domícilio para acamados.